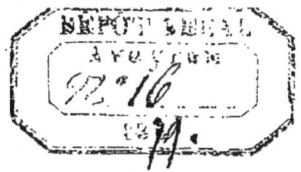

EXTRAIT DES MÉMOIRES DE LA SOCIÉTÉ DES LETTRES, SCIENCES ET ARTS DE L'AVEYRON

HISTOIRE

DE LA FONDATION

DE L'ABBAYE DE LOC-DIEU

Par M. l'abbé VICTOR LAFON.

—❦—

RODEZ

Imprimerie de N. RATERY, rue de l'Embergue, 21.

—

1879

HISTOIRE

DE LA

FONDATION DE L'ABBAYE DE LOC-DIEU

Par M. l'abbé Victor LAFON (1).

I

LE BAS-ROUERGUE AVANT LOC-DIEU

Avant la conquête romaine, la plus grande partie du Rouergue, comme du reste la Gaule en général, était couverte d'épaisses forêts. Les bois de Loc-Dieu et de Margues ne peuvent que nous donner une bien faible idée de ce qu'était, il y a vingt siècles, lo *Causse* de Villefranche.

Dans cette grande forêt s'élevait un monticule qu'on a nommé *Puech-d'Elves*. D'après le cartulaire de Loc-Dieu, de dom Claude Fleury, ce nom d'*Elves* viendrait de deux mots latins : *elatus* et *visus*, qui signifient : *vue élevée*. En effet, du sommet de ce coteau, la vue peut s'étendre au loin et dominer tout ce causse.

A ce point culminant avait été dressé un dolmen sur lequel les druides immolaient, dit-on, des victimes humai-

---

(1) Il a été donné un compte-rendu de ce mémoire, mais autrement disposé et s'arrêtant à la *construction de Loc-Dieu* dans le IX⁰ fascicule des *Procès-verbaux*. — Au II⁰ volume du Congrès scientifique de France, 40⁰ session, est un mémoire : *Les dolmens et menhirs du Puech-d'Elves*, qui peut être considéré comme un extrait de la présente *Histoire de la fondation de l'abbaye de Loc-Dieu*.

nes, *multis homicidiis infami* (*Gallia chr.*, t. II, 261). Une tradition constante a perpétué sur ce lieu un souvenir d'horreur (1).

(1) La religion des druides résista, dans le Bas-Rouergue, à l'invasion romaine ; ce ne fut que vers le vɪᵉ siècle qu'elle disparut de nos forêts, ne laissant après elle que des légendes et des monuments informes.

Au vᵉ siècle, ce furent des druides qui, non loin du Puech-d'Elves, excitèrent les païens de ces contrées à mettre à mort saint Grat et son compagnon saint Ansute. Partis de Rome, dont ils étaient originaires, ces hommes pieux étaient venus se retirer dans le Bas-Rouergue, dans un lieu solitaire qui fut appelé plus tard Capdenac. De là ils allaient enseigner la foi du Christ aux paysans idolâtres.

La tradition locale montre encore les ruines d'une petite chapelle près d'un ruisseau qui coule au pied de Capdenac-La-Bastide. Saint Grat et saint Ansute l'auraient fait construire. Pendant le moyen-âge elle était l'église de la paroisse, et les reliques de saint Men y attiraient des contrées environnantes un grand nombre de pieux pèlerins. La tradition montre encore (*propè Cadenacum, in diœcesi Ruthenensi*), à environ une centaine de pas de l'église en allant au village de Saint-Grat et à la droite du chemin du côté de l'orient, le lieu où saint Ansute et saint Grat furent décapités.

Les restes précieux de ces deux saints furent recueillis pieusement par les chrétiens que saint Grat avait convertis à Jésus-Christ ; ils furent portés à environ une demi-heure de chemin et disposés dans une grotte qui fut bientôt une chapelle souterraine ou crypte et qui attira en ce lieu beaucoup de chrétiens allant implorer la protection des martyrs. Les reliques des deux saints restèrent dans ce caveau et s'y conservèrent pendant les nombreuses persécutions des Sarrasins au vɪɪᵉ et au vɪɪɪᵉ siècle.

Au ɪxᵉ siècle, le calme s'étant fait, saint Gaubert, évêque de Rodez, ami de saint Géraud, comte d'Aurillac, qui avait fondé, d'accord avec l'évêque, l'abbaye de Vailhourles, contribua aussi en grande partie à faire élever, à une demi-lieue de son monastère, une église sur le caveau où étaient les reliques de saint Grat et de saint Ansute.

Cette église fut dédiée à saint Grat. Des maisons se groupèrent autour d'elle, bientôt ce fut un village. Un château se construisit à côté de l'église, et au xɪɪᵉ siècle nous voyons les seigneurs de Saint-Grat se trouver inscrits parmi les plus grands bienfaiteurs de l'abbaye qui se bâtissait à Loc-Dieu (*Gallia chr.*).

La crypte qui, au vɪɪɪᵉ siècle, avait sauvé les reliques de saint Grat et de saint Ansute de la fureur des Sarrasins, au xɪɪɪᵉ siècle de la profanation des Albigeois, au xvɪᵉ de celle des Huguenots, et au xvɪɪɪᵉ de la rage impie des révolutionnaires, a été démolie entièrement en 1863. A cette époque on agrandit considérablement l'église de Saint-Grat, et trouvant que

Sur ce même coteau il a longtemps existé deux lignes parallèles de grosses pierres qui partaient du dolmen et se dirigeaient vers l'Occident.

Il y a encore peu d'années, le peuple de ces campagnes appelait avec terreur ce lieu : *lou cami de los foxilieydos*, le chemin des sorcières, ou allée des fées. Les paysans croyaient même que tous les samedis, à l'heure de minuit, les sorcières de la contrée se réunissaient en ce lieu pour y faire leur sabbat, en y dansant toutes à la ronde, à cheval sur un manche à balai.

Quoiqu'il existe un certain nombre de dolmens sur les plateaux calcaires du Bas-Rouergue, il est incontestable que celui du Puech-d'Elves devait, par ses dimensions, sa situation et l'allée de pierres qui le précédait, être le plus célèbre de la contrée. Dans son cartulaire de Loc-Dieu, dom Fleury nous dit (p. 13) : « Qu'on se servit d'une partie de cette pierre pour faire un marche-pied au maître-autel de l'église de l'abbaye, et que, avant d'être descendue de son trépied, elle avait en longueur au moins vingt-huit pans, » ce qui, d'après l'ancienne mesure de Villefranche, ferait aujourd'hui sept mètres de longueur. Fleury ne nous dit pas qu'elle était sa largeur.

Ces antiques monuments disparaissent tous les jours devant la charrue, mais le souvenir des anciennes croyances demeure encore dans l'esprit de nos paysans et se traduit par des légendes qui semblent nous venir des druides. Nous avons recueilli quelques-unes de ces légendes que les aïeuls racontent encore aux enfants pendant les longues soirées d'hiver.

PREMIÈRE LÉGENDE. — *Danse des sorcières*. — D'après nos bons paysans, tel berger aurait vu sur le coteau du

la voûte de la crypte placée sous l'autel élevait trop le sanctuaire, on la détruisit pour mettre le chœur au niveau de la nef de l'église. Nous ne pouvons que partager les regrets qu'expriment encore aujourd'hui la paroisse de Saint-Grat et celles des environs, au souvenir de cette antique crypte. Il serait temps qu'on songeât à arrêter de pareils actes de vandalisme, qui souvent, sous de prétextes futiles, détruisent de vieux monuments élevés par la piété des générations passées.

Puech-d'Elves, à la lisière du bois, un groupe de sorcières exécutant des rondes à cheval sur un manche à balai. Leur figure avait quelque chose de fantastique et d'infernal. Elles avaient un long menton, un nez pointu et recourbé, une bouche enfoncée et privée de ses dents, et leur tête était couverte d'un bonnet. Après avoir exécuté leurs rondes au milieu de la nuit, les paysans de la fin du siècle dernier assuraient à leurs enfants les avoir vues disparaître comme des ombres dans l'épaisseur du bois.

La terreur que ces légendes inspiraient, il y a encore peu d'années, était telle, que personne n'eût osé la nuit passer par ce lieu maudit du Puech-d'Elves.

DEUXIÈME LÉGENDE. — *Supercherie du drac.* — Les espiègleries du drac, dont les histoires sont si nombreuses aux environs de Villefranche, ont toutes, à ne pas en douter, les superstitions druidiques pour origine.

On raconte dans nos contrées, qu'un jour le drac, sous la forme d'un petit agneau égaré et pris dans des ronces, bêlait de l'autre côté du lac de Loc-Dieu. Un paysan du voisinage étant venu à passer et l'ayant aperçu retrousse ses chausses et traverse avec peine le lac marécageux. Il débarrasse la petite et innocente bête, la place sur ses épaules et se dispose ainsi à repasser le lac. Mais lorsqu'il est arrivé au milieu du marécage, notre pauvre homme est obligé de s'arrêter, ne pouvant plus ni avancer ni reculer, tant ses jambes se trouvent embarrassées dans les roseaux...

Enfin, sorti avec peine de ce premier pas, il advint que sa petite charge devint tellement lourde, qu'il finit par plier sous son poids. Et lorsque, après les efforts les plus énergiques il se crut arrivé à l'autre bord, le jeune agneau qu'il avait toujours sur ses épaules se trouva être une énorme chèvre qui d'un bond s'élance sur la rive, et là d'une voix tremblante et moqueuse lui crie : *M'as pla carioulat! m'as pla carioulat!*

TROISIÈME LÉGENDE. — *Le cheval qui se raccourcit.* — Une autre fois, le métayer de la ferme des moines de Loc-Dieu revenait de Villefranche ; sur sa route il aper-

çoit un cheval qui, traînant sa bride, semble s'être échappé
des mains de son maître. Le métayer reconnaît aussitôt
le cheval de la ferme et s'approche de lui. La bête se
laisse prendre, et aussitôt celui-ci de la monter.

Non loin de là, notre cavalier trouve assise, au bord de
la route et harassée de fatigue, une vieille femme attachée
à la ferme et chargée d'apporter un sac de sel pour ses
agneaux. La bonne vieille lui demande s'il ne peut pas la
prendre en croupe car elle ne se sent pas la force, avec le
poids qu'elle a à porter, de pouvoir arriver à Loc-Dieu
avant la nuit.

Notre métayer y consentit volontiers. Quand on est
arrivé tout près de la ferme, la vieille femme dit : « Vous
avez là une bien bonne bête qui m'a rendu un grand service aujourd'hui, c'eût été dommage de la perdre. »

En vue du lac de Loc-Dieu, l'animal était comme
attiré par la fraîcheur de l'eau et pressé par la soif d'une
manière tellement vive, que le maître ne pouvant le rete-
nir lui lâche les rênes du côté où il désirait aller boire.
L'animal s'avance peu à peu dans le lac comme pour cher-
cher une eau plus limpide. A mesure que le cheval boit,
nos cavaliers s'aperçoivent que la bête se raccourcit peu
à peu, au point que bientôt il n'y a plus de place pour eux
sur le dos de la bête. La vieille femme se sentant glisser
s'empresse de faire dévotement le signe de la croix... Au
même instant le cheval s'aplatit et disparaît.... Le métayer, la vieille femme et le sac de sel tombent au milieu
du lac.

Puis, de l'autre côté du rivage, contemplant tranquil-
lement cette scène sur un tertre de gazon, notre drac,
d'une voix railleuse, leur crie : *Pla caoudets! pla caoudets!*

On a encore conservé dans le pays le souvenir des ter-
reurs que causaient d'autres êtres fantastiques, tels que le
loup-garou, les revenants, etc., et qu'il serait trop long
de raconter ici.

On l'a dit avec vérité : l'homme aime le merveilleux.
A défaut de poèmes qu'il ne peut pas lire, le peuple, et
surtout celui des campagnes, se plaît à entendre le récit,

des légendes, des contes qui sont pour lui de véritables poèmes.

Autrefois dans notre Bas-Rouergue, les enfants se groupaient autour d'un narrateur de contes. Le plus souvent c'était le grand-père, la grand'mère ou un vieux serviteur de la maison qui racontait dans les veillées d'hiver des légendes merveilleuses. Quelle fête pour eux lorsqu'on leur promettait de leur dire un conte bien intéressant ! Combien ils étaient silencieux et attentifs ! La joie ou la tristesse passaient tour-à-tour dans leur âme, suivant que le talent du narrateur savait les y faire entrer !

Toutes ces légendes, tous ces contes de fées, du drac, de la trève, de la chevrette, du loup-garou, etc., se racontaient encore, pendant notre enfance, dans chaque famille, à Villefranche et dans ses environs.

Ce merveilleux a duré dans notre Bas-Rouergue depuis le druidisme jusqu'à la grande Révolution de 1789. Tout en restant fidèle à sa foi religieuse, à son costume local et à ses mœurs simples, notre pays avait conservé, comme la Bretagne et l'Auvergne, la poésie de ses légendes druidiques. Le peuple des campagnes du Rouergue aimait tout autant ces légendes fantastiques que la grande race Armoricaine. En effet, ces deux peuples, tous deux enfants des montagnes, semblent avoir dans leur organisation beaucoup de points de ressemblance, quelque chose de naïf et de simple dans leurs mœurs, à côté d'une foi vive et forte.

Au pied du Puech-d'Elves se trouvait un petit mamelon couvert de bois, auprès duquel ont été bâtis l'église et le monastère de Loc-Dieu. Ce mamelon était autrefois entouré par un grand lac qui, en hiver surtout, en formait une presqu'île et qui portait le nom de *lacus diaboli* ou lac du diable.

Nous ne pouvons aujourd'hui nous faire une idée bien exacte du sombre aspect qu'offrit notre pays de Rouergue pendant quelques siècles (du VIIIe au XIIe), sous le rapport de la population et de la vaste'étendue des terres incultes ou abandonnées, sur lesquelles d'épaisses forêts avaient repris peu à peu leur empire et avaient fini par tout couvrir.

On nous pardonnera de nous arrêter là-dessus quelques instants, en nous bornant d'ailleurs à ce qui touche principalement la partie du Bas-Rouergue où se construisit l'abbaye de Locdieu, objet de notre travail.

Sous Jules César, d'après le calcul des savants, la Gaule était aussi peuplée relativement à son étendue que l'est aujourd'hui la France. Le pays des Ruthènes qui comprenait le Rouergue et l'Albigeois, d'après la statistique de ces mêmes auteurs, devait contenir la même population que les deux départements de l'Aveyron et du Tarn (1).

Au vIIIᵉ siècle, la population du Rouergue se trouva réduite à un tiers de ce qu'elle avait été autrefois, par suite des persécutions atroces qu'elle eut à subir à cette époque de la part des Sarrasins qui s'étaient emparés de notre malheureux pays. Car, s'il faut en croire les historiens, ces Maures venus d'Espagne firent cinq principales excursions en Rouergue à partir de 719 jusqu'en 732 ; mais, disent ces mêmes écrivains, celle de 725 fut la plus désastreuse (Le Cointe, *Annal. eccl.*). Sous la conduite d'Ambiza, leur chef, ces barbares s'emparèrent de Rodez où ils exercèrent d'affreux ravages (Fleury, *Hist. eccl.* I — 24). De là se divisant en deux bandes, l'une alla saccager, brûler et piller le monastère de Conques (2) ; l'autre descendant les rives de l'Aveyron fut s'emparer du monastère de St-Antonin et y massacra 200 moines sur 400 qui s'y trouvaient (3).

(1) D'Anville, suivi dans son opinion par tous les géographes. Voir Le Moine, *Commentaires de César*, liv. I, page 499.

(2) Une charte de 838, donnée au monastère de Conques par Pépin, nous apprend ce grand pillage fait par les Sarrasins.

(3) On lit dans un manuscrit déposé aux archives de Conques, écrit par Bernard, écolatre, d'Angers, qui écrivait vers l'an 1020, qu'en 725 une troupe de Sarrasins, conduits par Ambiza, leur chef, s'étaient fortifiés dans le château fort de Balaguier (canton d'Asprières), d'où ils sortaient pour piller les lieux saints et persécuter les ecclésiastiques, les moines, « *monachos, clericos et alios probos homines,* »

Jamais, disent nos annales, les habitants du Rouergue n'avaient été aussi malheureux. Les villes comme les campagnes devinrent désertes, car afin de sauver leur vie et échapper au danger, les habitants avaient été obligés de fuir et de quitter le pays. Pour éviter de périr par le fer ou le feu de ces barbares, ceux qui étaient restés avaient été obligés de se cacher au fond des bois ou dans des grottes profondes comme des bêtes sauvages, abandonnant ainsi aux barbares leurs maisons, leurs biens et leurs terres, qui restèrent sans culture.

Ces Sarrasins semblaient s'attaquer de préférence aux églises et aux monastères : « *monachos et alios probos homines.* » Les églises de Rodez, de Cahors, et plusieurs autres du Midi furent veuves de leurs évêques de 670 à 838, tant la persécution dût être vive. L'évêché d'Arisitum disparut entièrement à cette époque (676). Vers la fin de ce siècle la guerre civile amena de nouveaux malheurs sur la population du Bas-Rouergue. Waïffre, dernier rejeton des Mérovingiens, semble avoir eu beaucoup de partisans dans nos contrées et s'être trouvé maître de nos principales places. Pour le combattre, Pépin pénétra dans le Bas-Rouergue, par Saint-Antonin, et arriva avec son armée jusqu'à Peyrusse qu'il assiégea et prit. Les défenseurs qui s'y trouvaient furent passés au fil de l'épée (1).

Pour se faire une idée plus exacte du pays du Rouergue,

---

(1) En 755, les rares défenseurs qui se trouvaient alors furent enlevés aux villes pour suivre l'armée de Pépin. Tel *pagus*, qui, du temps de César, comme *Uxellodunum*, *Carentomag*, etc., etc., avait fourni de nombreux combattants contre l'ennemi commun n'offrait plus que des ruines ou des murailles abandonnées. En 633 de Rome, Bituit, roi des Arvernes, fit marcher contre les Romains une armée de deux cent mille hommes. Les Ruthènes en avaient fourni vingt-deux mille. (CÆSAR, *l. 1, de bello Gallico*).

Waïffre fut assassiné plus tard par la trahison d'un de ses domestiques. En se rendant de Peyrusse en Quercy, Pépin fonda en passant les abbayes de Figeac et de Marcillac, qui ont donné naissance aux deux villes de leur nom. En 755 le pape Etienne et Pépin étaient en Quercy *(Histoire du Quercy*, par Cathala, tom. 1er, p. 83).

au vIII^e siècle, il est opportun de donner les noms des villes principales qui existaient alors ; les voici :

Rodez.	Roussennac.	
Millau.	Salvagnac.	
Saint-Affrique.	Boussac.	
Espalion.	Bias.	
Peyrusse.	Nougairol.	
Najac.	Rulhe.	
Cornus.	Agres.	
Nant.	Peyre-sur-Tarn.	
Saint-Antonin.	Thérondels.	
Capdenac-sur-Lot.	Compeyre.	
Maleville.	Alcas.	
Laroque-Valzergues.	Vabres.	
Sévérac-le-Château.	Pousthomy.	
Laroque-Césière.	Conques.	Mo-
Miramont.	Saint-Antonin.	nas-
Laromiguière.	St-Pierre-de-Clairv.	tères
Galgan.		

On voyait encore de nombreux châteaux bâtis sur des rochers, au bas desquels étaient venues s'abriter quelques maisons. Ces villes du Rouergue étaient entourées de murailles et bien moins peuplées qu'aujourd'hui ; elles étaient entièrement isolées les unes des autres faute de chemins.

Le IXe et le Xe siècles virent encore la population du Rouergue décroître par suite de l'état violent où se trouva la société durant cette époque de transformation sociale qui commença sous Louis-le-Bègue, pour ne finir qu'à la fin du règne de Hugues Capet, en 996.

Pendant cette période où les seigneurs dépouillèrent le pouvoir royal de toutes les prérogatives pour se les approprier, où toute loi était inconnue, où la force seule remplaçait le droit, où le brigandage était pour ainsi dire l'état normal de la société, des combats continuels ayant lieu, les serfs allaient se ranger sous la bannière du seigneur et laissaient les terres sans culture. De là souvent la famine et presque toujours la misère la plus profonde dans les villes comme dans les campagnes (1).

_____

(1) Hermengaud, comte du Rouergue en 919, du Gévaudan et, par indivis

A cette époque, du côté du Bas-Rouergue, les bords de l'Aveyron étaient hérissés de châteaux fortifiés par la nature et par l'art, tels que ceux de :

Montricoux,	Najac,
Bruniquel,	Morlhon,
Penne,	Doumayrenc,
Laguépie,	Prévinquières,
Mazeroles,	Maleville, etc., etc.

Au xi° siècle, la féodalité se trouvait formée. Après de longues guerres des seigneurs entre eux l'ordre avait reparu, et pour la première fois depuis plusieurs siècles la population de notre Rouergue semblait pouvoir goûter un peu les douceurs de la paix. Mais cet état ne dura pas longtemps.

Bientôt la voix de Pierre-l'Ermite se fit entendre. Un concile, présidé par le pape Urbain II, s'ouvre à Clermont le 18 novembre 1096. L'évêque de Rodez, Raymond Frotard, y assista, distingué même des autres prélats par Urbain II, qui se l'attacha personnellement et voulut qu'il l'accompagnât au synode de Limoges. Raymond Frotard, par son zèle, poursuivit activement la résolution prise au concile de Clermont de prendre les armes et de se croiser. Secondé dans son enthousiasme, pour la délivrance des lieux saints, par Raymond IV, comte de Toulouse et du Rouergue, l'évêque de Rodez poussa en Orient tous les hommes de son diocèse capables de porter les armes.

Le départ des croisés dépeupla encore le Bas-Rouergue. Cette fois la dépopulation fut telle que d'après nos anna-

avec son frère du Quercy, de l'Albigeois, etc., vivait à l'époque la plus critique du x° siècle. C'est le point culminant de l'anarchie féodale où furent consommées toutes les usurpations. Hermengaud resta fidèle à Raoul, roi de France.

Raymond II, comte du Rouergue en 957, ayant entrepris le voyage de Compostèle en 961 fut assassiné en route. Son fils Raymond III remporta en 985 une victoire signalée sur les Sarrasins dans le comté de Barcelonne. Il mourut en allant en terre sainte en 1010. Il enrichit l'église de Conques de 21 vases en vermeil et d'une selle magnifique du prix de millle livres d'or, trophée de sa victoire sur les Sarrasins.

les, Villefranche, que Raymond St-Gilles avait fondée en
1096 pour en faire la capitale du Rouergue, ne put être
bâtie qu'en 1099 après la prise de Jérusalem et ne fut,
pendant 153 ans, qu'un simple bourg connu sous les noms
de la Peyrade ou les Tuilières (1).

Du reste on comprend très bien la dépopulation du
Rouergue à l'époque de la première croisade, quand on
considère que Saint-Gilles, comte de Toulouse, du Rouergue, du Quercy, de l'Albigeois et du Gévaudan, leva
dans ces pays et tint à sa solde une armée de cent mille
hommes qu'il conduisit en Orient.

Ce sentiment de tout un peuple, ce grand élan de la
foi qui ne voyait que des chrétiens, des frères malheureux
à secourir, entraîna toute la population valide du Rouergue dans cette sublime expédition.

Un de nos vieux cartulaires, celui des Cordeliers de
Villefranche, nous apprend que St-Gilles, ayant traversé
le Rouergue à la fin d'octobre de l'année 1096, s'arrêta
pendant trois jours au château fort de Najac, et qu'il y
reçut foi et hommage de tous les seigneurs des environs.
De là, il se rendit le même jour, en remontant l'Aveyron,
au château du Doumayrenc, situé en face de l'église
Saint-Jean-d'Aigremont (2), et il rangea sous sa bannière
tous les seigneurs de la contrée.

(1) Raymond IV, dit St-Gilles, fonda, en 1096, sur la rive gauche de
l'Aveyron, au lieu appelé les Tuilières, la ville appelée Villefranche, et en
1252 Alphonse II, comte de Rouergue, permit aux habitants de se transporter sur la rive droite de l'Aveyron, parce que le lieu était moins sujet
aux inondations. Plusieurs auteurs ont confondu ces deux fondations dis
tinctes.

(2) Saint-Gilles se rendit de Najac au Doumayrenc, de là il continua sa
route pour Rodez où il engagea le comte de Rodez à Richard, vicomte de
Carlat et de Millau, pour avoir de l'argent avant de partir pour la croisade.
Saint-Gilles mourut en 1105, près de Tripoly, en Syrie, au château des
Pèlerins.

Le château fort du Doumayrenc, dont la construction remontait au
x⁰ siècle couronnait un rocher escarpé de cette chaîne de montagnes qui
s'élève sur la rive gauche de l'Aveyron, près de Villefranche, et domine
l'ancienne route pavée de Rodez qui passait à côté de l'église du Calvaire.

De ce nombre, et parmi les plus célèbres se trouva Pons de Gauthier, seigneur du Doumayrenc, que les chroniqueurs du temps ont qualifié « de très habile et très vaillant capitaine. » En effet, l'histoire des croisades rapporte que, chargé de conduire une division considérable de sept mille hommes de cavalerie d'avant-garde, pris tous chez les Ruthènes, Pons de Gauthier s'était mis en marche le 18 mars 1096, et arriva à Constantinople sans avoir reçu aucun échec. Peu de jours après, attaqué par les Turcs à l'entrée du Bosphore, il tomba percé de sept flèches et mourut au milieu des cadavres ennemis sans avoir encore mis le pied sur cette terre sainte pour laquelle il avait vaillamment combattu.

Les seigneurs du Bas-Rouergue qui firent parti de l'armée de Raymond Saint-Gilles furent encore :

Rigal, seigneur de Morlhon, dont le château est situé sur une montagne inaccessible qui s'élève au milieu des gorges profondes à peu de distance de Villefranche, sur la rive gauche de l'Aveyron (1).

Le Doumayrenc touche aux mines argentifières de La Baume. — C'est au bas du château du Doumayrenc que se trouve sur l'Aveyron, le gouffre de la Gasse, au bord duquel, dans une pièce de terre, et dans un vieux mur on trouva, en 1840, des objets précieux d'or et d'argent qui furent achetés par M. Lacaze, minotier, et vendus par lui à Paris 800 fr., valeur intrinsèque de l'or. — Depuis cette époque on a trouvé divers autres objets du même genre, en ce lieu. En 1338, le château du Doumayrenc avait été réparé par Hugues Gauthier. Par lettres patentes du 24 décembre 1345, Pierre de Bourbon, lieutenant-général du Languedoc, ordonna au sénéchal du Rouergue de mettre ce château sous la main du roi. Les Anglais s'en emparèrent durant la guerre, mais dès qu'on l'eût retiré de leurs mains, le sénéchal Guy de Lasteyrie le fit démolir en 1377. En 1755 on voyait encore des débris de ce château ; de nos jours il n'en reste pas de traces, les pierres ont servi à bâtir quelques maisons, et son emplacement est aujourd'hui transformé en terres cultivées.

Cette famille possédait noblement de grands biens. A l'époque de la fondation de Villefranche, elle avait tout le terrain de Saint-Jean-d'Aigremont, les terrains occupés par les Templiers, jusques à la vieille côte du Pont. Ils avaient le terrain de la Gautherie et un château près de la rivière.

(1) Le château de Morlhon (ou lieu des *Maures, mauri locus, mour-liou* en patois, *liou du maure* au VIIIe siècle), fut le berceau

Polier, seigneur du bourg et du château de la Peyrade ou Tuilières, ainsi que des terres et du château d'Ordiget, d'Orlhonac et des Pesquiès.

Najac, seigneur du lieu de ce nom, dont la famille à cette époque, c'est-à-dire en l'an 1100, se transporta au château et aux belles terres de Savignac, près de Loc-Dieu.

Bertrand de Prévinquières, originaire du bourg autrefois fortifié de Prévinquières situé au bord de l'Aveyron à trois lieues à l'est de Villefranche. Prévinquières était évêque de Lodève et frère d'Astorg.

Les autres seigneurs du Rouergue qui prirent part à la première croisade furent :

Raymond IV, comte du Rouergue.	Guillaume Pons.
Pons, Guillaume.	Bertrand, fils de St-Gilles.
Galon de Calmont.	Raymond de Cornus.
Raymond de Calmont.	Guillaume de Cornus.
Guillaume de Calmont.	Hugues, comte de Rodez.
Gilbert de Vig.	Pons de Montlaur.
Ricard de Cormol.	Bertrand de Montlaur.
Gauzefred de Montarnal.	Raoul de Scorailles.
	Guy de Scorailles.

Un siècle plus tard, l'élan religieux était bien affaibli. A cette époque la voix de Pierre l'Ermite n'était plus là pour se faire entendre, ni pour aller par les cités pieds nus, un crucifix à la main, raconter les profanations de Jérusalem, demander au nom du Christ secours et pitié pour la ville sainte et soulever partout les masses. Sur le siége épiscopal de Rodez, il n'y avait plus ce zélé et ardent apôtre Raymond de Frotard, qui, après avoir

de la famille de ce nom à la formation de la féodalité. En 1257, cette famille aliéna une partie de ses terres, et céda ce château aux évêques de Rodez, en échange des terres et dîmes inféodées de Veusac. Les Anglais occupaient ce repaire en 1360, les bandes de routiers le gardèrent longtemps. Après leur expulsion il revint aux évêques de Rodez, qui y tenaient un capitaine châtelain. Monseigneur d'Estaing aimait le château de Morlhon, qui lui rappelait la solitude profonde et le désert. Au xviie siècle, les consuls de Villefranche en avaient fait une prison d'Etat, et y avaient un capitaine. Il n'en reste que quelques ruines.

assisté à ce fameux concile de Clermont, et avoir accompagné Urbain II à celui de Limoges, par l'autorité de sa parole puissante et animée, excitait tous les fidèles valides de son diocèse à partir pour la croisade. D'ailleurs la plupart des Rouergats, qui étaient partis pour l'Orient, avaient péri dans cette expédition, ou y étaient restés pour s'attacher à la fortune de Saint-Gilles ou des autres seigneurs du pays qui étaient à leur tête.

Voulant s'assurer la conquête définitive de Jérusalem, les chétiens avaient encore bien des combats et des villes à prendre sur les Sarrasins. Aussi l'Orient ne cessait tous les ans de demander à l'Occident de nouveaux soldats et de nouveaux sacrifices. C'est pourquoi tous ceux qui, dans notre pays du Bas-Rouergue, n'aimaient point le métier de la guerre et les expéditions lointaines, allèrent se réfugier, pour échapper à la contrainte de leur nouveau seigneur, dans cette grande et épaisse forêt qui couvrait tout le *Causse ;* d'autres pour se soustraire à l'ironie des jeunes filles qui, alors, envoyaient une quenouille aux jeunes hommes qui ne se croisaient pas, se cachèrent aussi dans cette forêt.

Du reste de tout temps elle avait servi de retraite aux malfaiteurs qui y trouvaient un asile pour assurer leur impunité, ou à des serfs fuyant une dure servitude. Et c'est à cause des crimes nombreux qui s'y commettaient que l'on avait donné à cette forêt le nom de *lucus diaboli* ou *bois du diable.*

Ces réfugiés formèrent des bandes qui ne vivaient que de chasse ou de pillage. A un signal donné, ces hommes partaient pour aller sur les chemins détrousser les voyageurs ou les rançonner, ou bien encore, ils se répandaient dans les campagnes pour faire main-basse sur les récoltes et les troupeaux. Puis, emportant le produit de leurs rapines, ils rentraient dans la forêt, se partageaient le butin.

La forêt fut longtemps peuplée de ces bandes dangereuses, et les cabanes qui s'y étaient construites formèrent les premiers villages de la contrée. Peu à peu, le pays ayant été défriché, ces villages se sont trouvés à découvert et se sont agrandis. Telle a été l'origine de Maroule,

Savignac, St-Grat, Elves, La Rouquette, Calcomier et Marin, tous placés dans les environs de Loc-Dieu.

A l'époque de la vente du comté de Rodez par Alphonse Jourdain, c'est-à-dire en 1112, le seul chemin praticable entre Rodez à Cahors (de *Segodunum* à *Divona*) était l'ancienne voie romaine qui, d'après la carte Théodosienne, coupait le bois du Puech-d'Elves ou de Loc-Dieu dans sa plus grande longueur d'orient en occident. D'après le même document, il y avait encore la voie d'Albi à Cahors qui serait entrée dans le Rouergue par Cordes, de là, à notre sens, elle devait se diriger sur Cahors, par Laguépie et Parisot, et couper la grande forêt de Loc-Dieu, du midi au couchant.

Ces deux voies formaient donc un angle dont Cahors était le sommet, et Rodez et Albi les deux extrémités. C'est au centre de l'écartement formé par ces deux lignes de routes que se trouvait le Puech-d'Elves avec son dolmen, son lac marécageux et la terreur qu'il inspirait. Cette immense forêt était limitée au nord par la rivière du Lot et ses montagnes escarpées, au sud par celles de l'Aveyron avec ses rochers noirs et sauvages.

Ce fut précisément cette sombre et redoutable forêt, autrefois profanée par le culte sanglant des druides, et maintenant remplie de bandes de voleurs et d'assassins dont la tradition s'est conservée dans la contrée et en fait encore un lieu d'horreur, que les moines choisirent de préférence pour y fixer leur demeure. (*Ibi invento loco solis latronibus apto et multis homicidiis infami. — Gall. christ*, t. 1, page 262).

Ce qui jusque-là avait été un objet d'horreur et d'effroi, un lieu maudit, *locus diaboli* ou *lieu du diable*, fut sanctifié par la prière et la pénitence, et devint *locus* désormais *Dei* ou *lieu de Dieu*.

II

FONDATION DE L'ABBAYE DE LOC-DIEU.

Au commencement du printemps de l'année 1123 et le 12 des calendes d'avril (1), suivant une pieuse coutume de l'ordre de Citeaux, Roger, deuxième abbé du monastère de Dalone en Limousin, fondé par Géraud de Sala, voyant que le nombre de ses moines s'était accru considérablement et que leur habitation était insuffisante pour les loger, choisit, parmi ses disciples les plus fervents, douze moines qui représentaient les douze apôtres. Il mit à leur tête un treizième qui symbolisait Jésus-Christ. Cela fait, il les conduisit sur la porte de l'église de son monastère. Là après avoir placé une croix de bois entre les mains de celui qu'il mettait à leur tête, il les bénit en leur disant :

« Mes fils !

» Allez, au nom de Jésus-Christ, planter ce signe sacré dans quelque solitude et y fonder une nouvelle maison de votre ordre. Montrez-vous toujours de dignes enfants de saint Benoît, occupés sans cesse à la prière et au travail, et vous aurez ce que vous cherchez : la paix de l'âme, cette félicité qu'on goûte au service de Dieu et qui est le ciel par anticipation. Que Notre-Dame, patronne de toutes les maisons de Citeaux, vous conduise en chemin et vous protége dans l'œuvre difficile et périlleuse que vous allez entreprendre pour la gloire de son fils, le salut de votre âme et celle de votre prochain.

» Partez pleins de confiance sous la conduite de votre nouveau prieur, Dieu étend sur vous sa protection, et votre abbé vous bénit ! »

Aussitôt ces cénobites conduits par Guillaume, leur nouveau prieur, suivant un mouvement de la grâce divine, se dirigent du côté du Midi. Ils descendent les montagnes du Limousin, traversent le diocèse de Cahors, passent la rivière du Lot. Et, après bien des fatigues, ils arrivent

(1) Cela équivalait au 21 mars.

sur les confins du Rouergue en chantant alternativement des psaumes et précédés de leur prieur portant la croix.

Là, au centre d'une grande forêt « *in loco horroris* », la pieuse colonne trouva un lieu qui lui parut convenable pour y bâtir une demeure, y fixer son séjour et s'y livrer à la prière et à la pénitence. C'est autour du mamelon dont nous avons déjà parlé que les moines s'établirent provisoirement, en attendant qu'ils pussent y bâtir le monastère qui plus tard fut appelé Loc-Dieu.

C'est ainsi que, en l'année 1123, cette colonie de pieux religieux fut la première de la règle de Saint-Benoît et de l'ordre de Citeaux qui soit venue s'établir en Rouergue, et y former la première de ces fermes-modèles ou phalanstères chrétiens connus sous le nom de monastères, qui ont défriché, fertilisé nos contrées et civilisé notre pays (1).

Après avoir planté la croix sur l'antique dolmen du Puech-d'Elves, les moines songèrent à jeter les fondements d'un monastère ; mais auparavant deux choses leur étaient indispensables.

Il fallait d'abord l'autorisation de l'évêque de Rodez, Adhemar III, sous la juridiction duquel se trouvait cette partie de la forêt, et sans laquelle ils ne pouvaient entreprendre aucune œuvre de ce genre.

Il leur fallait ensuite aussi l'agrément du seigneur propriétaire de la terre sur laquelle les moines désiraient s'établir. Voilà pourquoi la *Gallia christiana* (t. 1, p. 262) rapporte ces deux choses : *Impetrarunt a viro nobili nomine Arduino de Paris licentiam construendi monasterium, cum jussione Ruthenensis episcopi.*

Ce fut donc par cette double démarche que commencèrent nos cénobites avant d'entreprendre de bâtir leur monastère.

---

(1) Le monastère de Loc-Dieu, de l'ordre de Citeaux, fondé définitivement en 1124, fut bientôt suivi par celui de Sylvanès, en 1136; celui de Beaulieu commencé en 1140, suspendu sinon abandonné, enfin fondé définitivement en 1144; de Bonneval, etc., etc., qui rayonnèrent sur le Rouergue.

Croyant inutile d'amener ses religieux avec lui, et voulant du reste leur éviter les fatigues d'un pénible voyage, Guillaume les laissa dans la forêt et se prépara à partir pour Rodez. Mais avant de se séparer d'eux, comme un tendre père qui pourvoit à tout pour le bien de ses enfants, il voulut les installer dans cet ancien bois des druides, en leur donnant pour abri et pour demeure de petites cellules faites avec des branches d'arbres de la forêt (*in casulis habitando*); ensuite Guillaume fléchit le genou et adresse à Dieu cette prière :

« Seigneur, qui as fait le ciel et la terre, qui te rends
» aux vœux de celui qui t'implore et sans lequel sont
» inutiles tous les efforts de la faiblesse humaine ; si tu
» veux que des enfants de Saint-Benoît et de l'ordre de
» Citeaux venus les premiers dans ce pays se fixent dans
» cette solitude pour y produire des fruits de vie qui
» devront se répandre dans les contrées environnantes,
» fais-nous le connaître par ta protection, en nous ren-
» dant capables de mener à bonne fin l'œuvre que nous
» allons entreprendre. »

Puis, se sentant comme inspiré et consolé par sa prière faite sur le petit mamelon, il prit le chemin de Rodez, accompagné seulement de deux moines (1).

Il est rapporté dans le cartulaire de saint Pierre de Moissac, que vers 959, saint Mainfroi (*sanctus Mangofredus sanctitate approbatâ*), y avait fondé, non loin de l'endroit où s'élèvent les cellules, une chapelle afin d'instruire la population de ces lieux restée encore sauvage. Ainsi, nous l'avons déjà dit, à la suite des guerres féodales, ces bois se trouvant remplis de malfaiteurs, la chapelle finit par devenir un lieu de refuge ouvert à ces bandes de voleurs et d'assassins.

C'est cette église profanée depuis plus d'un siècle, que

_____

(1) Ce petit mamelon touche à l'église de l'abbaye du côté du nord. Les cellules furent premièrement bâties à cinquante pas de ce lieu, dans le bois qui se trouve à gauche du chemin en allant au domaine de la Gaspare ; il y a encore aujourd'hui dans ce petit ravin un bois solitaire très ombragé et très recueilli.

les moines s'empressèrent d'aller visiter, de réparer et d'y offrir le saint sacrifice, en attendant que Aldoin, seigneur de Parizot, et plusieurs autres riches personnages de la contrée, leur fissent don de terres nécessaires pour s'y bâtir et y vivre du produit de leurs mains.

D'abord effrayés par la présence de ces hommes au costume si étrange, les habitants du pays finirent peu à peu par s'habituer à les voir, et quelques-uns d'entre eux furent même les visiter. Enfin les cénobites surent si bien gagner leur confiance, que ceux-ci leur apportèrent des fruits et des vêtements.

Les épreuves qu'eurent à supporter ces courageux moines devinrent légendaires, et le récit nous en a été conservé par l'un d'eux, dans un manuscrit que nous avons trouvé à la bibliothèque de Troyes (Aube).

Voici ce que raconte le frère Ivofaldus, dans son manuscrit sur la vie de l'abbé Guillaume, prieur de Loc-Dieu :

« Une nuit d'hiver, les cellules des moines se trouvè-
» rent entourées d'un nombre prodigieux de bêtes féroces
» accourues de contrées environnantes. Elles faisaient
» tant de bruit et poussaient des hurlements si épou-
» vantables que la forêt en retentissait ; les pauvres céno-
» bites se crurent perdus. Ces bêtes sauvages montèrent
» sur les cabanes des moines, ou bien les entourèrent de
» toute part comme pour les renverser, les détruire et
» dévorer les religieux. »

Guillaume apprit, pendant qu'il était en oraison, que le démon, sous cette forme d'animaux féroces, redoublait de rage pour le chasser de ce bois et les empêcher de s'établir dans un lieu horrible et abandonné qui lui appartenait depuis des siècles. Au milieu du bruit épouvantable que faisaient tous ces animaux en fureur, Guillaume sortit de sa cellule et parut devant eux sans éprouver la moindre crainte. Tenant la croix d'une main au nom de Jésus-Christ, il leur ordonne à l'instant de se retirer et de ne plus troubler dans leur retraite des religieux venus dans cette forêt pour travailler au salut de leur âme et à la gloire du Dieu unique qui les avait créés, et de qui elles dépendaient.

Aussitôt à sa voix, et au signe de la rédemption qu'il fit devant elles, toutes ces bêtes obéirent et rentrèrent dans leurs retraites d'où le démon les avait fait sortir. »

Le démon ne se donna pas pour battu après cette première défaite. Quelques jours après, il essaya de nouveau sous une autre forme de chasser encore de cette forêt ces pieux cénobites et de reconquérir l'empire qu'ils étaient venus lui enlever.

« Un jour une bande d'assassins très nombreuse, armée
» de lances et de piques se présenta autour des cellules
» des religieux en poussant des cris de rage et de mort.
» Un des chefs de la bande s'écria : Il faut brûler tous ces
» moines dans leurs cabanes, afin qu'ils servent de tor-
» che pour éclairer la forêt pendant la nuit! Un autre
» dit : Il vaut mieux percer à coups de piques ces moines
» audacieux et suspendre ensuite leurs cadavres aux bran-
» ches des arbres de la forêt pour effrayer ceux qui seraient
» encore assez téméraires pour tenter d'en augmenter le
» nombre en ce lieu. »

« Pendant qu'ils commençaient à se mettre à l'œuvre et que le chef de cette bande d'assassins secouait violemment la porte de la cellule de l'abbé, Guillaume sortit aussitôt sa tête blanche et vénérable à travers les branches d'arbre formant sa toiture, et d'une voix ferme leur demanda hardiment ce qu'ils voulaient... A la vue de cette tête de vieillard calme et assurée les interpellant ainsi, les scélérats surpris et comme saisis de frayeur, se jettent aussitôt par terre... Mais bientôt revenus de leur épouvante, ils demandent à genoux humblement à l'abbé sa bénédiction et la permission de rester et de vivre avec lui, pour y faire pénitence de leurs crimes et travailler au salut de leur âme. »

Souvent aussi des visiteurs d'un autre genre venaient troubler leur solitude.

Comme nous venons de le dire, ces bois épais de Loc-Dieu étaient habités depuis des siècles par des bandes de voleurs de toute espèce qui vivaient du produit de leurs rapines, et se regardaient comme les seuls maîtres de cette forêt. Ils venaient autour des cellules des solitaires pour leur enlever tout ce qui pouvait leur tomber sous la main. C'étaient des outils que les cénobites avaient laissé dans les champs ou dans les bois, des brebis ou des vaches dont le laitage servait à leur nourriture et qui était leur unique ressource.

Les pertes éprouvées par ces vols beaucoup trop fréquents étaient souvent réparées par la piété d'autres visiteurs venus des campagnes environnantes. Parmi eux, la plupart demandaient, en retour de leurs dons, des prières ou des conseils. Tous imploraient des pieux solitaires, pour eux ou leur famille, la guérison du corps et celle de leur âme.

Accompagné de deux religieux, Guillaume partit pour Rodez pour aller demander à l'évêque Adhemar III l'autorisation nécessaire pour fonder dans son diocèse un monastère de la règle de Saint-Benoit et de l'ordre de Citeaux.

Pressentant le peu de sécurité qu'offrait la route de Rodez, nos moines crurent nécessaire de demander un sauf-conduit à Polier, seigneur de la petite ville naissante (Villefranche).

Etant donc entrés dans l'ancien bourg de la Peyrade, les religieux trouvèrent la nouvelle ville encore mal assise. Les habitants y étaient peu nombreux et rien n'annonçait qu'ils fussent en voie de le devenir. Son état de défense consistait dans l'ancien donjon du château de Polier autour duquel la nouvelle bastide s'élevait entourée d'une ceinture de fossés et de fortes palissades de bois. Malgré les franchises que Saint-Gilles avait accordées pour favoriser cette nouvelle ville et y attirer des habitants, la future capitale du Rouergue se développait bien lentement.

Grâce au sauf-conduit que Polier leur accorda, Guillaume et ses religieux purent arriver sains et saufs jusqu'à Rodez et se présenter devant l'évêque Adhemar III.

Aussitôt qu'ils furent admis en sa présence, les trois cénobites se prosternèrent et lui demandèrent humblement l'autorisaton de se bâtir un monastère de leur ordre dans un coin d'une forêt sauvage (*in loco horroris*) du Bas-Rouergue qu'ils s'étaient choisi et qui se trouvait sur des terres de sa juridiction (*Impetrarunt a viro nobili nomine Arduino licentiam construendi monasterium cum jussione Rhutenensis episcopi.* — *Gallia*, t. 1, 262).

Voyant devant lui des religieux de la règle de Saint-Benoît et de la filiation de Citeaux dont la réputation de sainteté et de science grandissait tous les jours dans le monde, l'évêque les accueillit avec une extrême bonté. Comme il éprouvait un grand désir d'avoir dans son diocèse des moines de Citeaux, il leur accorda avec empressement la permission qu'ils sollicitaient.

L'évêque apprit de la bouche de ces religieux qu'ils venaient de l'abbaye de Dalone en Limousin. Adhemar était lui-même de ce pays. Il était frère puîné d'Archambaud IV, comte de Limoges. Ce fut un nouveau motif pour lui d'accueillir ces pieux cénobites avec encore plus de bienveillance (1).

D'après le témoignage de Fleury (*Histoire ecclésiastique*), Adhemar III était un évêque éclairé et libéral, possédant de grandes richesses en terres, en rentes ou en dîmes, qui sut, pendant son épiscopat, les faire servir généreusement à la construction de tous les monastères fondés de son temps dans son diocèse. C'est pourquoi il ne se borna pas à accorder à ses religieux la permission qu'ils étaient venus solliciter, il les combla de largesses de manière à leur faciliter l'édification de leur monastère. Adhemar voulut même associer à ces munificences un grand nombre de riches seigneurs de la contrée. Il les engagea à concourir par des dons à la fondation en Rouergue de la première maison de la règle de Saint-Benoît et de la filiation de Citeaux, dont la sainteté et la science jetaient un grand éclat dans le monde.

(1) Adhemar III était originaire de Limoges, mais il avait des parents en Rouergue. Entre autres il avait pour grand-oncle Pierre Béranger, qui fonda, en 1053, le monastère du Saint-Sépulcre de Villeneuve. *In notitia de monasterio Sancti-Sepulcri seu Cella de Villa-nova, fundata anno 1053 a Petro Berengario, episcopo Ruthenensi, Adhemarum dicitur esse consanguinem et pia memoria* (le Père Mabillon).

Les seigneurs ne furent pas sourds à cet appel. Au nombre de ces pieux fondateurs furent :

Etienne de Podio-Longuo. Robert de Castel-Marin.
Raymond de Sévérac. Guillaume de Bonnefous.
Flottard de Belcastel.

A aucune époque, en Rouergue, on ne fit autant de fondations pieuses, on ne bâtit plus de monastères et d'églises que dans cette première moitié du XIIe siècle. Alors tout seigneur voulait avoir la gloire d'attacher son nom à la restauration ou à la construction de quelque chapelle, de quelque église ou de quelque abbaye, soit par esprit de dévotion ou de piété, soit pour racheter ses péchés ou ceux de ses ancêtres. Mais celui qui se signala le plus par ses largesses en faveur de la nouvelle abbaye, et qui passe à juste titre pour en être un des premiers fondateurs, fut sans contredit Aldoin, seigneur de Parizot. Il concéda à ces religieux, non seulement le droit de bâtir dans ses terres un monastère. mais encore il leur fit don de toute l'étendue de terrain qu'ils voulurent pour y prier dans la retraite, et y vivre du produit de leurs mains, en se livrant à l'agriculture. L'acte de cette intéressante donation est ainsi rapporté dans la *Gallia christiana* : *Ex principuis benefactoribus fuit Ardinus de Parisio qui dedit beatæ Mariæ Virgini de Loco-Dei et monachis, ibi sub regula sancti Benedicti libere Deo servientibus, duos mansos et quidquid possidebat in quibusdam pagis, mense maio* 1124 (t. I, 262).

L'abbaye de Dalone, d'où était venu cet essaim de religieux, avait été fondée en 1119 par Géraud de Sala, venu lui-même avec d'autres moines de la célèbre abbaye de Pontigny, du diocèse d'Auxerre.

Pontigny était elle-même l'une des cinq premières et grandes maisons issues de Citeaux, fondée en 1113 par saint Etienne, troisième abbé général de l'Ordre.

Fondée en 1098, ou d'après un ancien distique,

Anno millesimo centimo, bis minus anno
Sub patre Roberto, cœpit cistercius ordo,

l'abbaye de Citeaux étendant ses branches dans le monde,

par des fondations sans nombre, vit en 1123, c'est-à-dire 25 ans après, sortir de sa filiation l'abbaye de Loc-Dieu.

Dans la fondation du monastère de Loc-Dieu, on retrouve toutes les coutumes mises en pratique pour la fondation d'une abbaye de Citeaux. Les principales sont :

1° Le départ de douze moines ayant à leur tête un prieur portant une croix de bois pour aller fonder une nouvelle maison.

2° Le choix d'une forêt sauvage pour y fixer leur demeure.

3° La plantation d'une croix comme prise de possession au nom de Jésus-Christ, et avant toute chose, de la demande à l'évêque diocésain de la permission de s'y fixer, et au propriétaire du terrain de la concession de cette partie de la forêt.

4° Enfin la mise de l'abbaye de Loc-Dieu sous le patronage de Notre-Dame.

La première pierre du monastère de Loc-Dieu fut posée le 28 août, jour de la fête de la nativité de saint Augustin de l'année 1124, Philippe-Auguste, roi de France régnant, Adhemar III étant évêque de Rodez, et Richard et Hugues, son fils, étant comtes aussi de Rodez.

Dans la *Gallia christiana* on trouve cette inscription qui était autrefois placée sur la porte d'entrée du monastère :

« *Inchoatum est monasterium anno incarnationis* » *Domini MCXXIV indictione VII epacta XIII concur-* » *rente IV et luna XXX, die natali sancti Augustini,* » *confessoris et Juliani martyris, die XXVIII Augusti* » *Philippo rege regnante Francorum, Adhemare præ-* » *sule Ruthenis, Richardo et filio ejus Hugone princi-* » *patum hujus provincia tenentibus.* »

Etienne, abbé de Citeaux et l'abbé de Pontigny envoyèrent à Guillaume des ouvriers maçons pour construire la nouvelle abbaye.

Ces ouvriers, appelés dans le langage du pays *peyrarii* ou *peyriès*, campèrent autour du futur monument, sous des barraques de bois qu'ils s'y construisirent, et firent loger de la même manière tous les ouvriers qu'ils occupaient en les soumettant à une règle commune. Cette règle consistait :

1° A travailler en silence, à ne parler que par nécessité.

2° A interrompre un instant à toutes les heures ce calme par le chant d'un psaume ou de quelque antienne, ou encore des litanies que l'un d'entre eux entonnait.

Comme on n'avait qu'une petite chapelle provisoire placée non loin du chantier, les dimanches et jours de fêtes, pour assister aux offices, les ouvriers se tenaient dehors, et de là ils s'unissaient aux moines pour prier et chanter les offices de l'Eglise. La veille des grandes fêtes surtout, les ouvriers illuminaient leurs charrettes qui contenaient des groupes de huit à dix personnes et ressemblaient à des chapelles improvisées. C'est ainsi que moines et ouvriers en posant chaque pierre y attachaient une prière.

Les grands dons obligèrent Guillaume à de grandes dépenses. Il songea à faire construire un monastère qui pût contenir au besoin un grand nombre de religieux, laissant toutefois à ses successeurs le soin d'y faire bâtir une église répondant à la grandeur et à la beauté du couvent.

Le monastère affectait une forme rectangulaire. Au midi, du côté de la porte d'entrée, se trouvaient les appartements de l'abbé et de l'économe. A l'orient étaient les salles du chapitre, la bibliothèque, et des chambres à donner. Au couchant se trouvaient les caves, le grenier et le lieu des provisions. Au nord, l'emplacement de l'église. Le cloître occupait le centre de ces constructions; il mesurait, du nord au midi, en longueur (dans œuvre), 27 mètres; d'orient en occident, en longueur, 29 mètres.

DEUX OPINIONS DIFFÉRENTES SUR L'ÉPOQUE DE LA FONDATION DE LOC-DIEU. — CAUSES DE CE DÉSACCORD.

Dans un mémoire de la Société des lettres, sciences et

arts de l'Aveyron, par M. l'abbé Bousquet (t. IX, année 1867), on lit ces lignes : « L'année de la fondation de Loc-» Dieu n'est pas bien connue ; les uns la placent au » 21 mars 1123, d'autres en 1124, quelques-uns enfin en » 1134. » Il ne devrait cependant exister aucun doute à cet égard.

Dans son *Dictionnaire historique et archéologique*, t. IV, page 107, Despilly fixe la date de cette fondation en 1123.

La *Gallia Abbatialis*, dans sa liste chronologique des abbés de Loc-Dieu, t. I, page 192, porte la même année.

Les auteurs de ces ouvrages se sont évidemment inspirés du texte de la *Gallia christiana*, t. I, p. 292, où on lit : *Locus-Dei Ruthenorum, filia Dalonorum, fundata est anno* 1123. Une lecture tant soit peu attentive de cette phrase fait penser que le mot *fundata est* ne doit pas être pris dans le sens littéral de *fut fondé*, mais qu'il signifie que des moines venus de Dalone arrivèrent en Rouergue en 1123 *pour y fonder un monastère*. Car quelques lignes plus loin la *Gallia christiana* ajoute : *Inchoatum est monasterium anno* 1124, ce qui complète l'explication et veut dire que les moines arrivèrent dans le bois de Loc-Dieu en 1123, mais qu'ils ne commencèrent la construction du monastère qu'en 1124.

Quelques autres auteurs dont l'autorité est moins grande placent la fondation de Loc-Dieu en 1134.

Nous dirons à ces derniers que les mémoires les plus anciens ainsi que les auteurs les plus sérieux qui aient écrit sur l'origine de la fondation de ce monastère, comme la *Gallia christiana*, ne parlent nullement de fondation du monastère pendant cette année, mais bien de *l'élection d'un abbé* qu'il fallut donner à cette maison. Ainsi il est « dit : *Wilelmus... abbas Loci-Dei electus est anno* 1134. »

Ainsi donc en 1123, arrivée des moines de Dalone à Loc-Dieu ; en 1124, commencement de la construction du monastère ; en 1134, le monastère étant achevé de bâtir, les moines qui jusques-là n'avaient eu qu'un prieur, élurent un abbé capitulairement.

Pourra-t-on dire après cela que l'origine de Loc-Dieu

n'est pas connue? Non, sans doute. La divergence de ces opinions vient de ce qu'on a confondu la date de fondation avec celle de l'élection du premier abbé.

III

PREMIERS ABBÉS DE LOC-DIEU.

On mit dix ans à construire l'abbaye de Loc-Dieu. Guillaume, qui en avait posé la première pierre le 28 août 1124, ne la vit achever que dans le mois de novembre 1134.

C'est donc à cette époque que les solitaires abandonnèrent définitivement leurs cellules de la forêt pour prendre possession et habiter le nouveau monastère. Ils saluèrent, par un adieu plein de regrets, le silence profond et le recueillement dont ils avaient joui pendant ces dix années à la faveur d'épais ombrages. Telle était la ferveur de leur pénitence, qu'ils quittèrent avec un profond regret ces cabanes de l'exil, *casuli exilii*, comme ils disaient eux-mêmes, et où leur âme avait été si heureuse en passant si souvent des délices de la prière et de la contemplation aux suaves visions de l'avenir céleste.

ÉLECTION CAPITULAIRE ET RÉGULIÈRE DE GUILLAUME, PREMIER ABBÉ DE LOCDIEU, LE 3 DES IDES DE NOVEMBRE 1134.

Le monastère de Loc-Dieu avait été terminé en 1134. Les religieux se trouvant installés dans la nouvelle abbaye purent dès lors se livrer à tous les exercices de leur règle et se choisir capitulairement un abbé. Jusques-là, celui qui toujours avait été à leur tête depuis que la pieuse colonie était partie de Dalone et avait reçu pour mission d'être leur maître, leur guide, leur père, pour aller fonder une nouvelle maison, était simplement leur prieur. Pour pouvoir prendre le titre d'abbé et en avoir les prérogatives, il fallait avoir été élu au suffrage universel par la communauté des moines réunis en chapitre. C'est pourquoi cette réunion ayant eu lieu, on procéda à l'élection d'un abbé dans les formes régulières. Le choix ne pouvait être douteux. Guillaume fut élu à l'unanimité premier abbé du monastère de Loc-Dieu le 3 des ides de novembre 1134. (*Willelmvs abbas Loci-Dei electus est in idiis novembri die dominica in die festo sancti Martini 1134. — Gallia christ.*, t. 1, p. 265).

Après son élection, le premier devoir de Guillaume fut d'en informer Adhemar III, son évêque diocésain, et de lui faire acte de soumission et d'obéissance, suivant la formule de l'ordre de Citeaux. Voici le texte de cette formule telle qu'elle nous a été conservée en manuscrit :

« *Ego Wilelmus, electus abbas monasterii Beatæ* » *Virginis Loci-Dei, subjectionem, reverentiam et obe-* » *dientiam a sanctis patribus institutam, secundum* » *regulam S* ti *Benedicti, tibi Domine Adhemardo,* » *Ruthenensi episcopo, tuisque successoribus cano-* » *nice substituendis à sanctâ sede,* salvo ordine nos- » tro (1), *perpetuo esse exhibiturum promitto.* »

Aussitôt qu'Adhemar eut eu connaissance de l'élection de Guillaume, il désira lui-même lui envoyer la crosse abbatiale. Cette cérémonie de la présentation et de la réception de la crosse donnée par l'évêque fut faite avec une certaine solennité. Adhemar, qui avait tenu à assister à cette cérémonie, ne put se rendre à Loc-Dieu à cause

(1) Nous avons pu remarquer que par cette réticence de soumission : *salvo ordine nostro,* adressée par l'abbé Guillaume à l'évêque de Rodez, il est fait allusion à ce privilège que saint Albéric. successeur de saint Robert, fondateur de Citeaux, obtint du pape Paschal II, par une bulle du 8 août 1100, qui accorde à l'abbaye de Citeaux d'être exempte de toute juridiction épiscopale et qui étend ce privilège à toutes les abbayes sorties de sa filiation.

Cette exemption de juridiction consistait, après que l'évêque avait permis à des religieux de l'ordre de Citeaux de s'établir dans son diocèse, de n'avoir aucun droit de visite dans l'intérieur du monastère, ni par lui, ni par ses délégués laïques ou ecclésiastiques. C'était pour ne pas troubler l'ordre intérieur de la communauté et le recueillement profond et habituel des moines *(Exordii cistercensis).*

de la mauvaise saison. L'évêque se contenta d'envoyer à sa place un jeune ecclésiastique accompagné de deux valets qui, malgré toutes les difficultés de la route, arrivèrent heureusement à Loc-Dieu.

En entrant dans le monastère l'envoyé de l'évêque fut reçu solennellement par tous les religieux rangés processionnellement et en costume de chœur.

La crosse abbatiale fut déposée dans la chapelle provisoire sur un autel consacré à Notre-Dame. C'est là que Guillaume alla la prendre pour montrer que si elle lui était envoyée par l'évêque de Rodez, il la tenait aussi de la Sainte-Vierge. C'est pourquoi tenant la crosse en main il se tourna vers ses religieux et leur dit :

« Mes fils !

» Cette crosse abbatiale, emblème de ma nouvelle
» dignité, que le très illustre et bien aimé évêque de
» Rodez, Adhemar III, vient de m'envoyer, pèse déjà
» dans mes mains. Mais avec l'aide de Dieu et votre con-
» cours, j'espère avoir la force de la porter pour le
» triomphe de la religion et le salut de nos âmes. Je suis
» profondément touché du témoignage d'affection et de
» confiance que vous m'avez montré en me conférant la
» haute dignité abbatiale dont je n'étais pas digne. De-
» venu votre abbé, je deviens parmi vous le représentant
» de Jésus-Christ, et j'en porte le nom, car suivant l'apô-
» tre le cri du cœur dans la prière est : *abba* qui veut
» dire Père. Je deviens donc par ma nouvelle dignité
» père de tous les religieux de cette abbaye ; et à ce titre,
» chargé du gouvernement de vos âmes. Autant il y aura
» de religieux confiés à ma garde, autant il y aura d'âmes
» dont au jour du jugement j'aurai à rendre compte à
» Dieu, sans parler de la mienne.

» Telle est, mes fils, la tâche redoutable de la fonction
» dont vous venez de me revêtir. N'oubliez pas, dans cette
» nouvelle et grande maison que, pour vivre de la vie
» de Dieu, il faudra tous observer exactement la règle
» commune. Ce n'est pas Guillaume que vous venez de
» nommer votre abbé qui sera ici le maître ; mais ce sera
» la règle qui sera maîtresse dans le monastère, car nous

» lui devons tous obéissance et soumission; et Guillaume,
» en toute occasion, sera le premier à vous en donner
» l'exemple. »

Abrégé de la règle

Donnée par l'abbé Guillaume aux moines de Loc-Dieu.

Les articles fondamentaux de la règle de saint Benoît suivie par les religieux de l'abbaye de Loc-Dieu que nous allons, en abrégé, exposer sous les yeux, sont au nombre de sept.

ARTICLE PREMIER. — *De l'Abbé*. — L'Abbé élu par le suffrage universel de tous les religieux composant la communauté et réunis capitulairement l'était pour la vie ; son pouvoir était absolu mais limité par la règle.

ART. 2. — *De la prière*. — Il y avait sept heures d'offices à chanter au chœur le jour ou la nuit.

Matines se chantaient à 2 heures du matin, et duraient jusqu'à l'aube du jour.

Laudes se chantaient à 5 heures.

Primes à 6 heures, ou à la première heure du jour.

Tierce se chantait à 9 heures, ou à la troisième heure du jour.

Sexte à midi, ou à la sixième heure du jour.

None à 3 heures du soir, ou à la neuvième heure du jour.

Vêpres se chantaient à 6 heures, ou au coucher du soleil.

Complies à 8 heures ou après le coucher du soleil à la nuit.

ART. 3. — *Du Travail*. — Comme la prière, le travail était à Loc-Dieu de sept heures par jour. Guillaume voulait que ses enfants sanctifiassent leur âme par le travail comme par la prière ; par le travail, en l'offrant à Dieu comme loi de châtiment et d'expiation ; par la prière, en élevant la pensée et le cœur vers Dieu, foyer de toute lumière intérieure, et source de toute satisfaction.

ART. 4. — *Du Sommeil*. — Six heures de sommeil

étaient accordées par la règle. Mais ce temps de repos était interrompu la nuit pour aller chanter au chœur l'office de matines. On couchait dans un dortoir commun; en cela Guillaume se proposait un triple but de moralité, surveillance et exactitude dans le lever de la nuit. Ils se couchaient habillés, leur lit était une paillasse placée au milieu d'une chambre sur laquelle il y avait deux couvertures et un oreiller.

Art. 5. — *De la Nourriture.* — On jeûnait depuis le 15 septembre jusqu'au jour de Pâques, c'est-à-dire pendant sept mois de l'année environ, et leur jeûne n'était interrompu qu'après vêpres, c'est-à-dire vers le coucher du soleil. Pendant toute l'année on faisait abstinence de viande, on se contentait pour toute nourriture de légumes et de jardinage. La raison de cette grande sobriété était d'ôter à la nature le superflu en lui épargnant toute inquiétude du nécessaire, afin de laisser une plus large part aux pauvres et à Dieu.

Art. 6. — *Des Vêtements.* — Sous l'abbé Guillaume, les moines de Loc-Dieu n'avaient qu'une robe de laine commune, de couleur brune ou tannée. Plus tard la couleur fut noire comme à Molesme. Au chœur on ajouta une coule qu'on plaçait par dessus; et pour le travail, on portait un scapulaire retenu par une ceinture. Au XIIe siècle et jusqu'au milieu du XIIIe on ne portait pas la barbe entièrement longue, la règle était de se raser six fois par an; après on se rasait toutes les semaines.

Art. 7. — *De la Pauvreté.* — Les moines de Loc-Dieu ne devaient rien avoir en propre, tout était en commun; ils ne pouvaient rien recevoir de leurs parents, sans le consentement de l'abbé. Etre propriétaire était une des plus grandes fautes qu'un religieux de Citeaux pût commettre. Un statut du chapitre de l'année 1182 dit « que les moines propriétaires soient excommuniés tous les ans, le dimanche des Rameaux après le sermon. » Une des conséquences de cette excommunication pour le religieux propriétaire était, à sa mort, d'être privé des honneurs de la cérémonie religieuse et des prières liturgiques.

Sous Amélius, deuxième abbé de Loc-Dieu, un moine étant mort, deux frères convers chargés de rendre à son corps les derniers devoirs, avant de le descendre dans la fosse, trouvèrent sur lui une petite bourse contenant quelques pièces en or. En ayant prévenu l'abbé, le chapitre s'assembla et on décida qu'il ne pouvait être enterré dans le cimetière. Cependant un religieux fit valoir au chapitre qu'il était fou. A cause de cette circonstance le chapitre décida qu'il pourrait être enterré dans le cimetière. Un cas à peu près semblable se présenta dans le même siècle au couvent de Bonneval.

La vie exemplaire des moines de Loc-Dieu, la sainteté éminente qu'ils montraient chaque jour dans la pratique d'une règle très austère qui était celle de Dalone, faisait l'admiration de tout le monde, non seulement dans le pays du Rouergue, mais encore dans les contrées environnantes. Pendant plus de deux siècles, les fidèles y venaient de partout demander des prières à ces saintes âmes si puissantes auprès de Dieu.

Cette règle de l'abbé Guillaume qui est celle de saint Benoît se fait remarquer par un caractère de bon sens et de sagesse, d'humilité et de modération qui la rendent bien supérieure à toutes les lois des sociétés civiles. Là apparaissent avec éminence l'humilité et le courage, d'un côté l'autorité avec toute sa vigueur, et de l'autre la dépendance avec toute sa liberté et son repos dans la règle.

Quelque chose qui parle plus haut, ce sont les vertus qui se sont développées dans l'ombre du cloître. C'est l'attrait invincible que cette règle a inspiré pendant plusieurs siècles aux cœurs généreux, droits et élevés, aux âmes éprises de la solitude de Dieu et de son infini. Aussi en peu de temps les postulants affluèrent dans la nouvelle abbaye.

Guillaume avait bien admis dans sa première communauté établie provisoirement dans des cabanes au sein de la forêt quelques disciples qui, touchés de la grâce et du repentir de leurs fautes, étaient venus pour faire pénitence et travailler à leur salut. Mais ce nombre avait été

restreint. Il en fut autrement lorsque la construction nouvelle faite pour une communauté nombreuse fut terminée,
et qu'il fut permis à l'abbé de recevoir comme postulants
tous ceux qui se présentaient. Alors en peu de temps le
nombre des cénobites augmenta d'une manière considérable, au point que, malgré la dure épreuve d'un long
noviciat de quinze années, on en comptait environ 350 à
la mort de Guillaume.

Une circonstance avait contribué en ce temps à amener à Loc-Dieu un grand nombre de postulants. En 1124
le comte de Rodez, Hugues Ier, s'étant croisé pour aller à
Jérusalem, avait fait un appel à tous ses sujets du Rouergue, et presque toute la jeunesse était partie pour cette
expédition.

En 1134, c'est-à-dire dix ans après, ceux qui étaient
revenus de ces contrées lointaines, ayant beaucoup souf-
fert, et un grand nombre se trouvant accablés d'infirmités
et peu capables de travailler pour gagner leur vie, trouvèrent un asile dans l'abbaye de Loc-Dieu devenu pour
eux une sorte d'*Hôtel des Invalides* des soldats de la croisade. On utilisa dans la maison ou dans les champs tous
ceux qui purent travailler.

Il y eut encore sous Guillaume une autre classe de
gens qui vinrent augmenter le nombre de ces derniers.
Ce fut celle de ces hommes qui, fuyant les périls de la
guerre, allèrent trouver un refuge dans ce saint lieu,
heureux qu'on leur fournît du travail pour vivre et un
asile pour s'y abriter. Plusieurs de ces hommes demandèrent à être admis comme moines, et après le temps
d'épreuve voulu ils finirent par devenir des religieux très
fervents.

Guillaume, qui avait apporté dans sa règle l'esprit austère de celle de l'abbaye de Dalone, imposait souvent à
ses religieux certaines obligations plus sévères que la
règle pure de saint Benoît.

Le digne abbé à l'exemple de son maître avait recom-
mandé de ne pas ouvrir trop facilement la porte de la
maison aux nouveaux venus appelés postulants, suivant le
précepte de l'apôtre qui dit : « Examinez les vocations,

voyez si Dieu les inspire. » Lorsque un postulant se présentait à la porte du monastère, il était reçu avec dureté, on refusait même de l'admettre. S'il persistait et supportait tout avec patience, on le recevait au bout de quatre ou cinq jours ; ensuite il passait quelques jours dans la chambre des hôtes ou des étrangers. Après deux ou trois semaines de réflexion et d'attente en ce lieu, si le postulant persévérait, le prieur venait le prendre pour le conduire dans la salle des novices, où se trouvait l'abbé entouré de son chapitre et de tous les religieux. Le postulant conduit par le prieur se présentait au milieu de l'assemblée et se mettait à genoux devant l'abbé qui se trouvait assis sur son siége.

L'abbé lui adressant la parole lui disait, que demandez-vous? La miséricorde de Dieu et la vôtre, répondait le postulant.

Levez-vous, et écoutez la lecture des règlements auxquels vous devez être soumis.

Le prieur donnait la lecture du règlement du monastère; après cela, l'abbé ajoutait :

Maintenant que vous connaissez notre règle, voulez-vous y être soumis et l'observer fidèlement?

Sur la réponse affirmative du postulant, l'abbé levait la main, le bénissait en disant :

Que Dieu achève ce qu'il a commencé en vous.

La communauté répondait *amen*, et le postulant était reçu *novice*.

Profession.

Sous l'abbé Guillaume, il fallait quinze ans à Loc-Dieu, avons-nous dit, pour être reçu moine, et en 1196 on l'éleva à 18 ans; cette longue épreuve fut maintenue dans cette maison pendant plus de deux siècles.

Quand le moment de la profession était venu, le novice, vêtu de ses habits laïcs, était conduit au chapitre. Là, en présence de l'abbé et de tous les religieux, à haute et intelligible voix, il renonçait au monde et à tous les biens temporels.

Du chapitre on le menait à l'église où on lui rasait la tête, ensuite on lui donnait solennellement lecture de son acte de profession rédigé à l'avance sur une feuille de parchemin. On déposait sur l'autel l'acte de sa profession. Cet acte était conservé par le chantre dans les archives de l'abbaye.

Après avoir entendu la lecture de l'acte de profession, le novice venait se mettre à genoux au milieu du chœur et les moines commençaient à réciter le psaume *Miserere*, etc. Pendant que durait la psalmodie, le novice allait se prosterner aux pieds de chacun des moines, puis il revenait au milieu du chœur où il se tenait prosterné jusqu'à la fin du psaume.

Alors l'abbé s'avançant la crosse à la main vers le novice, le bénissait sur le front ; il bénissait aussi sa coule et l'en revêtait, après cela le monastère comptait un religieux de plus.

Cependant l'excessive sévérité des moines, venus avec Guillaume de l'abbaye de Dalone en Limousin, envers les novices qu'ils dirigeaient, en avait découragé un grand nombre. Il suffisait pour s'exposer à leur sévérité de commettre la plus légère faute dans le chant des psaumes ou dans les cérémonies du chœur, comme tourner involontairement la tête ou marcher un peu trop vite. Ces imperfections étaient pour ces directeurs des novices des fautes très graves, punies avec une excessive rigueur. De sorte que plusieurs s'étaient vus forcés de quitter ce monastère pour aller dans un autre où se trouvaient des guides moins sévères. Il y eut un moment où un grand nombre de novices de la communauté voulurent se retirer en même temps.

Quoique désapprouvant intérieurement la sévérité envers les novices, extérieurement Guillaume ne pouvait cependant que donner raison à ces anciens compagnons de tous ses travaux, qui du reste étaient des hommes d'une vertu et d'une sainteté à toute épreuve et qui donnaient eux-mêmes l'exemple en toute choses de la vie la plus austère. C'est pourquoi Guillaume ne donnait point raison aux plaignants, mais alors par sa tendre bonté, ses paroles de père, doublant en quelque sorte sa charité par son extrême douceur, il consolait et fortifiait le cœur de ces jeunes novices. Bientôt il anima et soutint tous ceux qui sentaient leur courage abattu. En sorte que, en peu de temps, la communauté des novices, de chancelante qu'elle était, reprit courage et se raffermit pour remplir toute la sévérité de la règle.

Les religieux de Loc-Dieu ont été les premiers, dans cette partie du Bas-Rouergue, qui aient défriché des terres, établi des fermes-modèles et aient enseigné par leur exemple l'agriculture aux paysans. Ces moines n'étaient pas seulement des hommes de prière et de contemplation, ils étaient encore des ouvriers rudes à la peine et au travail des champs. Ils voulaient que leur terre suffît, non seulement à leur nourriture et à leur entretien, mais ils désiraient encore pouvoir secourir tant de pauvres malheureux qui chaque jour venaient demander du pain à la porte du monastère.

A cette époque (milieu du XIIe siècle), cette partie du Bas-Rouergue, qui forme à peu près aujourd'hui l'arrondissement de Villefranche en y comprenant le canton de Saint-Antonin (1), n'avait pour principales villes que Saint-Antonin, Najac et Peyrusse qui étaient considérées comme étant les clefs du pays.

Si on ajoute quelques châteaux bâtis çà et là sur des rochers et quelques villages perdus au milieu des bois, on aura une idée exacte du tableau que présentait le Bas-Rouergue à cette époque. Il fallait à l'abbé Guillaume et à ses moines cette force surnaturelle que donne une foi vive au Dieu vivant protecteur et rémunérateur de ceux qui le servent, pour oser attaquer cette sombre forêt couvrant le pays, la défricher et la convertir en champs fertiles.

Ce furent donc ces ouvriers courageux qui, par leur

(1) Le canton de Saint-Antonin fut distrait de l'arrondissement de Villefranche et rattaché à celui de Montauban par décret du 4 novembre 1808.

exemple, excitèrent les populations de nos campagnes à les imiter, pour faire produire à la terre la nourriture qu'elle leur avait refusée jusqu'à ce jour. Peu à peu ces terres donnèrent non seulement le nécessaire pour vivre dans les années malheureuses, mais finirent bientôt par apporter aux habitants de toute cette contrée calcaire, appelée aujourd'hui le *Causse*, la richesse que depuis cette époque elle a conservée jusqu'à nos jours.

La communauté de Loc-Dieu grandissait, et de ses bras nombreux elle abattait les bois de la forêt devenue son patrimoine. La vallée qui était au couchant du monastère, c'est-à-dire du côté d'Elves, fut défrichée la première et fut bientôt convertie en une belle et verdoyante prairie.

Nous avons déjà parlé du lac qui se trouvait dans la forêt à quelques pas du monastère, du côté du levant. Les pluies d'hiver le grossissant, son voisinage devenait incommode, et les émanations qui s'en exhalaient pendant les chaleurs de l'été occasionnaient souvent des maladies aux habitants de l'abbaye. Guillaume résolut de dessécher et d'assainir ce lieu marécageux.

Grâce à son courage inébranlable et à l'intrépidité de ses moines qui se mirent hardiment à l'œuvre en chantant des cantiques à la louange du Tout-Puissant, l'abbé de Loc-Dieu parvint, après des efforts, à triompher du lac, son terrible voisin. Les détritus de toute sorte qu'il contenait fécondèrent ses champs, et les eaux dont l'écoulement fut réglé arrosèrent ces prairies.

On dit même dans le *Causse* que la belle fontaine de Labastide-Capdenac, village situé à trois kilomètres de ce monastère, est alimentée par des sources du lac qui furent détournées par l'abbé Guillaume.

En étudiant avec attention ce grand plateau du causse au milieu duquel a été construit le monastère de Loc-Dieu, c'est-à-dire des rives du Lot à celles de l'Aveyron, on y retrouve encore l'influence bienfaisante des moines de cette abbaye. La foi la plus vive s'y est conservée jusqu'à nos jours, car les moines de Loc-Dieu n'étaient pas seulement agriculteurs, ils étaient aussi apôtres.

Plusieurs fois dans l'année un essaim de douze religieux

envoyés par l'abbé sortaient du monastère et se divisaient
pour aller, dans différentes paroisses de la contrée, porter
la parole évangélique. Au moyen de ces missions aposto-
liques, ces moines instruisaient et entretenaient les populations dans la foi religieuse, tout en venant en aide aux
pasteurs. De sorte que vers la fin du XIIe siècle, lorsque
l'hérésie des Albigeois faisant son apparition en Rouergue
pénétra sur la rive gauche de l'Aveyron par Laguépie et
infecta Najac, Morlhon, Rieupeyroux, Combrouse, etc. (1),
on peut constater bien clairement que la rive droite de
cette rivière fut préservée par la vigilance des moines de
Loc-Dieu et l'instruction solide qu'ils avaient donnée à
ces populations (2).

(1) Ceux qui dans le Rouergue partagèrent les erreurs des Albigeois
furent appelés Petarrins, nom par lequel on désigne encore les habitants
du Ségala. (*De l'influence des milieux...*, par J.-P. Durand [de
Gros].)

(2) Au XIIe siècle, le Bas-Rouergue comptait un nombre considérable de
monastères d'hommes. C'étaient autant de centres de piété et de travail qui
poursuivirent le même but que l'abbaye de Loc-Dieu, l'aidèrent puissam-
ment à répandre dans ce pays les lumières de la foi et les bienfaits de
l'agriculture.

*Noms de ces monastères dans l'ordre chronologique
de fondation :*

Ve siècle, Saint-Antonin, monastère d'hommes, bénédictins.

890, Varens, monastère d'hommes, bénédictins, dépendant d'Aurillac.

890, Vailhourles, monastère d'hommes, bénédictins, fondé par saint
Géraud, comte d'Aurillac.

1006, Aubin.

1025, Rieupeyroux, monastère d'hommes, dépendant de Saint-Martial-
de-Limoges.

1040, Rinhac, monastère d'hommes.

1053, Mauriac, monastère d'hommes, ermites, fondé par Odillon, fils
de Raoul, comte de Rouergue.

1079, Saint-Sépulcre-de-Villeneuve, monastère d'hommes, fondé par
Bérenger de Narbonne, évêque de Rodez.

1072, Roussennac.

1105, Asprières, monastère d'hommes, dépendant de Rieupeyroux.

1123, Loc-Dieu, monastère d'hommes, bénédictins de Citeaux.

1140, Beaulieu, monastère d'hommes, bernardins de Saint-Benoit,
commencé en 1140, définitivement établi en 1144.

Les constructions du monastère touchaient à leur fin, et les travaux de défrichement et d'assainissement exécutés par les moines avaient entièrement changé la face de ce lieu. Guillaume résolut alors d'envoyer à l'évêque Adhemar deux religieux pour le prier de venir en personne bénir la nouvelle abbaye à la construction de laquelle il avait tant contribué. Le prélat reçut les deux cisterciens avec beaucoup de bonté, et leur dit que le bon grain apporté dans son diocèse par Guillaume fructifiait déjà à Sylvanès et à Beaulieu, ce qui augmentait son estime et son affection pour le digne abbé et son monastère, et que malgré son grand âge et ses infirmités il viendrait retremper sa foi et sa piété au milieu de ces moines et bénir le nouveau monastère auquel il s'intéressait.

Porteurs de ces bonnes paroles, nos religieux reprirent le chemin de Loc-Dieu, et dès leur arrivée toute la communauté se prépara à cette mémorable cérémonie par la prière, le jeûne et les grandes austérités que prescrivent les règles de Saint-Benoît. On se servait toujours de la chapelle primitive ; car, la construction du couvent ayant absorbé toutes les ressources, Guillaume avait remis à plus tard l'édification d'une église en harmonie avec le monastère.

Lorsque Guillaume apprit l'arrivée de l'évêque, il se porta processionnellement à sa rencontre, c'est-à-dire précédé d'une grande croix et suivi de tous les religieux en habit de chœur. Les moines s'étant prosternés aux pieds du prélat, celui-ci leur donna une première bénédiction. Entré dans le couvent, l'évêque fut très édifié de la piété des cénobites, admira, non sans en témoigner sa satisfaction à l'abbé Guillaume, ce lieu calme et solitaire, cette belle abbaye où tout semblait porter à la

1150, Tizac, monastère d'hommes, dépendant de Rieupeyroux.
1170, Alzonc, monastère d'hommes.
1186, Villefranche, monastère d'hommes, templiers.

On est frappé de voir autant de monastères dans cette partie du Rouergue relativement peu étendue. Les couvents de filles étaient moins nombreux. Le plus célèbre fut l'abbaye des bénédictines à Oraison-Dieu, près de Saint-Antonin.

prière, à la paix de l'âme et à son union avec Dieu.
L'évêque Adhemar procéda à la bénédiction du monastère et à la consécration du terrain sur lequel devait
s'élever l'église; il planta à cet endroit une croix de
bois pour indiquer qu'il avait marqué ce lieu comme
ne pouvant recevoir à l'avenir une destination pro-
fane. L'église de Loc-Dieu ne fut commencée qu'en
1159 (environ 15 ans après cette cérémonie). Autrefois,
disent les anciens rituels, c'était l'usage de planter une
croix à l'endroit où l'on voulait bâtir une église. Cette
cérémonie avait été ordonnée par le concile d'Orléans.
Nous trouvons cette prescription rapportée dans un canon
d'Yves de Chartres : « *Nemo ecclesiam œdificet, antequam
civitatis episcopus veniat, et ibi crucem figat publice, et ib
atrium designet.* » Charlemagne recommande aussi cette
pratique et il dit : « *Si quis œdificare voluerit ecclesiam,
prius episcopus... locum consecret Deo, figens in eo salutis
nostrum signum.* »

Jusques-là, quoique vouée à Notre-Dame, cette abbaye
ne portait aucun nom particulier.

Ayant appris qu'avant l'arrivée des moines ce lieu était
connu dans la contrée sous le nom de *locus*, ou *lucus*, ou
lacus diaboli, l'évêque décida que le monastère porterait
le nom de *locus Dei* ou de Loc-Dieu (lieu de Dieu), cet
endroit étant désormais acquis à Dieu par la présence du
monastère sanctifié par la prière et la pénitence. Ce qui
explique l'inscription suivante placée au xviie siècle au-
dessus de la porte d'entrée, alors que dom Claude Fleury
était abbé commandataire :

> *Quod olim fuerat locus diaboli*
> *Nunc est locus Dei.*

L'évêque Adhemar III rentra à Rodez vers la fin du
mois de janvier 1844. Soit à cause de son grand âge, soit
à cause des fatigues qu'il avait endurées pendant ce pénible voyage dans la saison d'hiver, le vénérable évêque
tomba malade et mourut cette même année, en laissant le
souvenir d'une bonne et pieuse mémoire : *Vir bonœ et piœ
memoriœ.* Dans un acte de fondation de l'abbaye de Sylvanès, en indiquant l'année de la mort de cet illustre prélat,

on fait ainsi son éloge : « *Adhemar III, episcopus appellatus piæ memoriæ et vir magnæ auctoritatis, obiit anno 1144.* »

Guillaume, fondateur et premier abbé de Loc-Dieu, suivit de près dans la tombe son évêque Adhemar III, qui passe à juste titre pour être le second fondateur de cette abbaye.

Le cartulaire de Loc-Dieu raconte que « par une nuit froide et humide des premiers jours de juin 1144, Guillaume, quoique accablé sous le poids des années et miné par la maladie, voulut se rendre au chœur pour y chanter matines avec ses religieux, suivant la règle. Mais en chemin ses forces l'ayant abandonné, il ne put se traîner qu'à la porte de l'église où il resta couché sur la pierre humide pendant le temps de l'office. Ce fut là que venant de dire leurs prières, les moines le trouvèrent presque sans vie.

» Les pieux cénobites s'empressèrent de relever leur père et de lui prodiguer, en pleurant, toutes sortes de soins. Mais le vénérable Guillaume respirait à peine et semblait à chaque instant sur le point de rendre son dernier soupir. Cependant revenu un peu à lui-même, il trouva assez de force pour articuler quelques paroles de manière à être entendu de ceux qui l'entouraient. Il leur dit

« Mes fils, je sens que je m'en vais, je ressusciterai un jour, et ces membres corruptibles qui m'abandonnent je les recevrai de nouveau à la résurrection incorruptible des mains de Jésus-Christ. Vivez dans la charité et l'union la plus complète. »

Les moines voulurent le porter dans sa cellule pour le placer plus commodément; mais il leur fit signe qu'il fallait le transporter à l'église, car il voulait mourir en présence de Jésus-Christ qu'il avait toujours servi fidèlement.

Il leur répéta : « Vivez unis et observez exactement la règle de notre père Benoît, que votre abbé vous a transmise et qu'il avait reçue lui-même de Citeaux. »

Ce furent là les dernières paroles du vénérable Guillaume, fondateur de l'abbaye de Loc-Dieu.

Les religieux venus avec lui de Dalone qui avaient pris part à toutes les fatigues et partagé ses travaux, fondaient en larmes auprès de la couche de Guillaume mourant.

Le saint abbé étendit ses pieds et ses mains et s'endormit dans le Seigneur le 8 des ides de juin 1144. Son corps fut déposé près du maître-autel de la chapelle provisoire. Les religieux commencèrent à vénérer sa mémoire comme celle d'un saint, et lui attribuèrent un grand nombre de miracles.

Le cartulaire de dom Fleury appelle Guillaume : « Un homme chéri de Dieu et d'une sainte mémoire. » *In notitia appellatur : « Vir Dei carissimus sanctæ memoriæ et laude dignus abbas. »*

IV

CONSTRUCTION DE L'ÉGLISE DE LOC-DIEU.

Nous venons de voir que le monastère de Loc-Dieu, fondé par l'abbé Guillaume, en 1124, fut terminé en 1144. Mais l'église manquait à ce beau monument. Faute d'argent, les premiers fondements ne purent en être jetés qu'en 1159, et sa construction achevée en 1189.

AMÉLIUS Ier (2e abbé), élu en 1144.

Après la mort de Guillaume, Amélius, ancien moine de Dalone, fut choisi pour lui succéder. Doué d'un caractère actif, conciliant et en même temps très habile, le nouvel abbé fit d'abord faire des quêtes par plusieurs de ses moines dans les paroisses des environs. Il alla lui-même frapper à la porte des seigneurs qui passaient pour être les plus riches ou les plus généreux.

Mais les temps étaient devenus peu favorables pour les quêtes, car il se passait alors dans le Bas-Rouergue de graves événements qui préoccupaient vivement les esprits.

Au nord de Loc-Dieu, c'étaient des soldats Anglais qui franchissaient tous les jours la rivière du Lot pour venir chevaucher et rançonner les campagnes. Au midi, l'hérésie des Albigeois autrement terrible que l'invasion anglaise, propageait ses doctrines sur la rive gauche de l'Aveyron, et menaçait de franchir cette rivière pour renverser les églises, les couvents, et massacrer les clercs et les religieux.

Les moines quêteurs furent donc mal reçus en plusieurs endroits et même en certains lieux frappés et volés.

Les seigneurs, qui auparavant s'étaient montrés si larges dans leurs donations, ne pouvaient maintenant donner que des regrets. Les uns alléguaient les frais énormes nécessités par les soldats qu'il fallait tenir sur pied pour donner la chasse aux Anglais et les contraindre à repasser le Lot. Les autres refusaient toute donation en prévision, disaient-ils, du départ pour une nouvelle croisade en Orient, déjà prêchée par saint Bernard. Tous tenaient leur argent en réserve, quand ils n'engageaient pas même une partie de leurs terres pour s'en procurer.

Quelques-uns cédèrent néanmoins aux instances d'Amélius. Parmi les principaux donateurs, on peut signaler :

Oalric, seigneur de Parisot, qui, en 1146, céda tous ses droits sur le village de Grez. (Ce *Vicus de Grez* situé tout près de Loc-Dieu, à côté de la grand'route à gauche, en allant à Saint-Grat, complètement détruit depuis la fin du XIVe siècle par la guerre avec les Anglais, représenterait un don d'une valeur d'environ cent mille francs de nos jours).

Guillaume de Najac, seigneur de Savignac, donna, en 1147, des terres nombreuses consistant en bois et pâturages, placés au nord de l'abbaye. Le domaine de la Gaspare, voisin de Loc-Dieu, se trouve aujourd'hui compris dans ces terres.

A l'aide de ces dons joints à d'autres promesses qui lui furent faites, Amélius put jeter les fondements de l'église de son monastère. C'est pourquoi nous lisons dans la *Gallia christiana*, ainsi que dans le cartulaire de dom

Fleury : *Amelio ecclesia Loci-Dei fundata est V id. junii* 1159.

La cérémonie de la bénédiction pour la pose de la première pierre fut faite par Pierre II, évêque de Rodez; elle eut lieu après une messe solennelle en l'honneur de Notre-Dame, mère de Dieu, patronne de l'abbaye. Le prélat fit trois fois le tour du sol déjà consacré 15 ans auparavant par Adhemar III, et dans les fondements il y posa une pierre sur laquelle était gravée une croix. Les seigneurs de Parisot, de Savignac et de Saint-Grat, bienfaiteurs de Loc-Dieu, ainsi que plusieurs autres personnages, en firent de même, chacun à leur tour, au milieu d'un concours nombreux d'habitants des environs.

Bientôt après cette cérémonie, Amélius, découragé sans doute par la crainte de manquer de ressources nécessaires pour continuer l'œuvre commencée, se démit de sa charge, et se retira dans l'abbaye de Dalone.

GUILLAUME II, DE LA CASSAGNE (3ᵉ abbé), élu en 1159.

Après la démission d'Amélius, on élut à sa place Guillaume de la Cassagne, originaire du Rouergue et issu de l'illustre famille des seigneurs du château de Cassagnes-Comtaux. Le nouvel abbé était déjà connu des religieux par sa piété et son immense fortune qu'il avait donnée à l'abbaye. En maintes circonstances il avait manifesté un intérêt particulier à la construction de l'église dont il avait même présenté un plan qui venait de Pontigny. Les travaux de l'église furent poussés activement.

Pour se procurer de l'argent, Guillaume fut contraint d'avoir recours à l'emprunt.

Après deux ans et demi d'une administration laborieuse et des sollicitations faites de tout côté pour pouvoir éteindre l'emprunt, Guillaume, voyant qu'il ne pouvait obtenir des seigneurs la réalisation de leurs promesses, se décida à imiter son prédécesseur, c'est-à-dire à se démettre de sa charge. Il alla dans le diocèse de Toulouse, fonda l'abbaye des Feuillants, avec le concours de Bernard IV, comte de Comminges.

ARNAUD (4ᵉ abbé), élu en 1162.

La construction de l'église, qui avait été poussée avec vigueur sous Guillaume de la Cassagne, fut complètement abandonnée pendant sept ans que dura l'administration de l'abbé Arnaud, son successeur.

Raymond de Saint-Grat fit, le 8 septembre 1162, une donation consistant en bois et pâturage, mais ce don parut insuffisant pour faire reprendre les travaux de l'église. Arnaud ne s'occupa qu'à élever un édifice spirituel dans l'âme de ses religieux.

En 1164, Guercin, abbé de Pontigny, s'arrêta à Loc-Dieu en revenant de Toulouse, où le pape l'avait envoyé en mission pour la conversion des Albigeois. Ayant admiré la piété profonde de tous les religieux, il leur fit adopter la nouvelle interprétation de la règle de saint Benoît dite : « *Charte de la charité* » et unit ainsi Loc-Dieu et Dalone à Pontigny. Guercin leur promit aussi de leur envoyer des ouvriers de son monastère (peyrarii), pour diriger les travaux de l'église lorsqu'ils pourraient être repris.

ETIENNE Iᵉʳ (5ᵉ abbé), élu en 1169.

Etienne Iᵉʳ succéda à Arnaud en 1169. Aussitôt après son élection il fit reprendre les constructions de l'église abandonnée sous son prédécesseur.

Quoique l'abbaye se trouvât depuis longtemps dans la gêne, on fut contraint d'avoir recours à un second emprunt pour payer les ouvriers. Etienne s'adressa à un marchand de l'ancien bourg de la Peyrade. Non content de grever de grandes terres de Loc-Dieu, le prêteur exigea encore des garanties extraordinaires. Il voulut avoir pour signataire le prieur, le syndic, l'aumônier et le cellérier de l'abbaye. Fortuni Valette, damoiseau, seigneur de Saint-Igne et sa femme, Alexandrine, fille de Guillaume de Najac, seigneur de Savignac, furent requis comme témoins.

En 1172, Raymond de Saint-Grat fit au monastère une donation importante en bois et pâturages. Ce secours, joint à quelques autres dons volontaires, vinrent ranimer les travaux de l'église ainsi que le courage d'Etienne, lorsque, en 1175, les Albigeois ayant franchi le Viaur pénétrèrent dans le Rouergue pour la première fois les armes à la main. La rive droite de l'Aveyron dans le Bas-Rouergue eut beaucoup à souffrir de leur passage. Les granges du monastère de Loc-Dieu furent brûlées et une bande de ces hérétiques s'étant montrée sur un des coteaux qui domine l'abbaye, et ayant poussé des cris de rage et proféré des menaces de mort contre les moines, plusieurs religieux effrayés s'enfuirent. Etienne lui-même saisi de crainte, se crut incapable de pouvoir demeurer plus longtemps à la tête du monastère et donna sa démission le 5 décembre 1175.

GUILLAUME III, DE LA CASSAGNE (6e abbé), de 1175 à 1177.

Les ravages des Albigeois dans le Bas-Rouergue, et la faiblesse de caractère d'Etienne avait fait rappeler Guillaume de l'abbaye des Feuillants, comme seul capable de tenir tête à l'orage et de sauver Loc-Dieu d'une ruine invitable.

Guillaume trouva l'abbaye dans une triste situation financière, et à la veille d'être complètement dévorée par les prêteurs d'argent. Il essaya tous les moyens pour dégrever la maison ; ses expédients restèrent sans résultat. Ne voulant pas être témoin d'une catastrophe prochaine, au bout d'un an et demi Guillaume se démit pour la seconde fois de la dignité d'abbé de Loc-Dieu.

Après son départ, l'abbaye resta vacante pendant six mois : personne n'avait osé offrir ni accepter la dignité d'abbé d'une maison qui était considérée comme étant la propriété des prêteurs d'argent et par conséquent à la veille de sa ruine.

ARBERT (7e abbé), élu en 1177.

Cependant, comme on sentait la nécessité d'avoir quelqu'un qui représentât les intérêts de Loc-Dieu, le 4 des calendes de décembre 1177 les religieux élurent un simple moine nommé Arbert.

Le nouvel abbé reçut le monastère grevé de dettes. Car ainsi que nous l'avons déjà vu, pour bâtir l'église, les abbés de Loc-Dieu avaient été contraints de recourir aux banquiers de l'époque, c'est-à-dire aux usuriers dont la plupart étaient des juifs. L'intérêt de l'argent était alors plus élevé qu'il ne l'est aujourd'hui. Au taux de 5 0/0 il faut vingt ans au débiteur pour débourser, sous forme d'intérêt, une somme égale au capital reçu sans compter l'intérêt de l'intérêt. Les ordonnances de Philippe-Auguste (Ord. XI, 291) fixent à deux deniers par semaine l'intérêt à payer pour une livre tournois. En exigeant légalement deux deniers par livre tournois cela reviendrait aujourd'hui à un revenu de 43 fr. 75 c. pour 100 fr., de sorte que, au bout seulement de deux ans cumulés avec l'intérêt des intérêts, le monastère de Loc-Dieu devait une seconde fois le capital emprunté.

On comprendra facilement la situation désespérée dans laquelle devait se trouver le monastère, car non seulement la fortune immobilière de Loc-Dieu, mais encore la fortune privée de quelques seigneurs signataires de l'emprunt était à la veille d'être la proie des usuriers. Les constitutions de Citeaux faisaient un devoir de charité aux abbayes opulentes d'aller au secours de celles de leur filiation qui se trouvaient dans la gêne. Dalone qui était unie à Loc-Dieu s'en sépara, n'étant pas assez riche pour la sauver de la ruine. Pontigny affilié aussi à Loc-Dieu, mais moins au courant de la situation, lui resta encore uni. Pontigny, ayant enfin compris que Loc-Dieu était chargé de dettes trop considérables pour qu'il lui fut possible de les payer, s'en sépara après bien des hésitations. Cependant l'abbé de Pontigny désirant ne pas abandonner Loc-Dieu entièrement usa de toute son influence et employa tous ses efforts pour l'unir à Bonneval qui était alors très riche.

L'abbaye de Bonneval, située dans le diocèse de Rodez, fut fondée en 1147 par Guillaume de Calmont-d'Olt, évêque de Cahors, qui la dota très richement. Bientôt

4

après, son neveu, Bégon de Calmont-d'Olt, Hugues, comte de Rodez et plusieurs autres seigneurs lui procuraient encore de grandes richesses. L'abbé de Bonneval était alors un saint religieux nommé Adhemar-Quadrat. Autrefois il avait été très lié avec Amélius, deuxième abbé de Loc-Dieu et prédécesseur de Guillaume de la Cassagne. Guillaume et Adhemar s'étant trouvés ensemble au couronnement de Hugues, comte de Rodez, il s'établit entre eux des relations très intimes. Adhemar, étant avancé en âge et accablé d'infirmités, chargea Guillaume de la direction de plusieurs affaires importantes. Celui-ci par son intelligence et son activité rendit à l'abbaye de Bonneval de véritables services, à la suite desquels il fut nommé syndic de ce monastère, coadjuteur d'Adhemar et son futur successeur.

Par l'intermédiaire de Guillaume, ancien abbé de Loc-Dieu devenu syndic de Bonneval et coadjuteur d'Adhemar-Quadrat, il fut donc facile d'unir cette abbaye à celle de Bonneval, et avec les immenses richesses de celle-ci de payer les dettes de Loc-Dieu et de la sauver de sa ruine.

En vertu de cette union, Arbert, abbé de Loc-Dieu, reçut d'Adhemar, abbé de Bonneval, *XX millia solidorum auri.* (Le *nummus solidus aureus* était une ancienne pièce de monnaie, qui, d'après Wailly, vaudrait 20 fr. 25; par conséquent c'était la somme énorme de plus quatre cent mille francs de notre monnaie actuelle que Bonneval donnait à Loc-Dieu.)

Grâce à ce puissant secours, Loc-Dieu put payer ses dettes aux usuriers et se sauver d'une ruine certaine. Arbert peu capable se démit et resta dans la maison comme simple coopérateur de Pierre Ier, son successeur.

PIERRE Ier (8e abbé), élu en 1181.

Pierre Ier trouva en très bon état la situation financière de l'abbaye de Loc-Dieu; il eut la consolation de pouvoir continuer et achever l'église.

Nous avons vu plus haut que Amélius posa la première le 5 des ides de juin 1159. Ce ne fut donc que trente ans plus tard que Pierre Ier vit ce monument achevé, et la consécration en fut faite le 3 des calendes d'août 1189 par Hugues Ier, évêque de Rodez, en présence de plusieurs seigneurs et d'un grand concours de peuple.

Cet abbé mourut en 1189, après une administration des plus louables.

Noms des principaux bienfaiteurs de Loc-Dieu, depuis sa fondation jusqu'en 1189 :

1. Oalric de Saint-Grat.
2. Raymond de Saint-Grat.
3. Etienne de Podio (le long).
4. Raymond de Sévérac.
5. Frotard de Belcastel.
6. Robert de Castelmarin.
7. Guillaume Bonafous.
8. Guillaume de Najac de Savignac.
9. Géraud, 36ᵉ abbé de Conques.
10. De Reine de Maleville.
11. Odelric de Maleville.
12. Adhemar de Balzac.
13. Pierre de Castelnau.
14. Begon de Saugnac.
15. Hugues de Saugnac.
16. Hugues, comte de Rodez.
17. Adhemar III, évêque de Rodez.
18. Pierre II, évêque de Rodez.

V

DESCRIPTION DE L'ÉGLISE, DU CLOITRE ET DE LA SALLE DU CHAPITRE.

L'église de l'abbaye de Loc-Dieu, comme nous venons de le voir, bâtie tout entière et comme d'un seul jet, dans la seconde moitié du XIIe siècle, est sans contredit une des plus belles du diocèse de Rodez.

Par l'idée générale de son style architectonique simple,

modeste, sévère, sans ornementation, et par la pureté de
ses lignes, on reconnaît dans l'église de Loc-Dieu l'école
particulière des ouvriers de Citeaux qu'envoya Guercin,
abbé de Pontigny.

Par la composition de son plan, on pourrait y trouver
quelques ressemblances avec l'église de Conques, dont la
nef et les ailes bâties de 1030 à 1060, sous Olderic II,
servirent de type en Rouergue aux xiie et xiiie siècles
pour la construction d'un grand nombre d'églises.

Le caractère dominant de l'église de Loc-Dieu est le
style ogival ; elle appartient à cette période de transition
où l'ogive commence à se substituer au plein-cintre qui
finit, c'est-à-dire, à l'époque où l'arc roman se brise pour
former l'ogive. Les fenêtres de la nef et des bas-côtés
sont à plein-cintre, tandis que partout ailleurs c'est
l'ogive qui règne. L'église a la forme d'une croix latine,
l'abside est demi-circulaire à cinq pans coupés. Les bras
de la croix sont chargés de quatre chapelles carrées
formées par un mur droit ; ce qui avec l'autel du milieu
forme cinq chapelles absidiales. La nef est entre deux
bas-côtés qui finissent au transept. Au milieu du transept se trouvent quatre grands piliers supportant le
clocher, deux de ces piliers terminent l'abside, et les
deux autres la grande nef et les bas-côtés.

La longueur totale de l'église de Loc-Dieu d'orient en
occident, dans œuvre, est de.................. 54ᵐ

Celle du transept........................ 23

La largeur totale de l'église (les bas-côtés compris).. 14 50

La nef a de longueur...................... 35

— de largeur...................... 7 50

La largeur des bas-côtés est de............ 3 50

La profondeur de l'abside est de............ 11

Et sa largeur de........................ 7 50

La hauteur de l'église sous clef de voûte à l'in-
tersection du transept est de................ 15

Cinq grands arceaux placés de chaque côté de la nef

supportent les travées de l'église et les séparent des bas-
côtés. La forme de ces arcades est irrégulière : l'ouverture ogivale n'est pas également formée. Les deux arceaux les plus rapprochés de la porte occidentale accu-
sent à peine l'ogive, tandis que les autres la montrent de
plus en plus accentuée à mesure qu'ils s'avancent vers
l'abside.

Ces arceaux sont supportés par dix gros piliers cruci-
formes, offrant huit côtés droits formant faisceau, et
ayant du côté de la nef une colonne cylindrique à demi
engagée dans le pilier. Ces colonnes s'élancent d'un seul
jet depuis le sol jusqu'aux chapiteaux qui reçoivent la
retombée de la voûte ; c'est de ce point d'appui que par-
tent comme une gerbe les arcatures de la voûte en arc-
d'ogive et se croisent diagonalement en formant à leur
jonction une clef ou fleuron.

Au milieu du transept sont placés quatre gros piliers
qui supportent un clocher lourd et bas. Il avait une
toiture à quatre pentes et quatre fenêtres de côté ; le propriétaire le fit décapiter en 1847 pour lui substituer une
toiture plate en zinc. Des deux piliers qui limitent l'abside
s'élève de chaque côté l'arc doubleau ou triomphal, sur
lequel on peut lire quoique un peu effacé par le temps :

FRATER JOANNES DE LEVY ABBAS LOCI DEI 1605.

Jean de Levy qui gouverna Loc-Dieu pendant 23 ans
revêtit l'habit monacal et fut un abbé régulier. Ce qui
explique clairement la qualification de frater de l'inscription; il fut frère en même temps qu'abbé (1).

L'église de Loc-Dieu reçoit le jour par dix fenêtres à
plein-cintre rangées sur les arcades de la grande nef,

(1) L'écusson des armes de Jean VI de Levy qui sont : *d'or à 3 che-
vrons de sable*, se voit sur le manteau de la cheminée de la salle de
l'ancien réfectoire, au midi. On le voit encore dans une vieille chambre
du même côté, ainsi qu'à la petite chapelle Saint-Roch placée non loin de
l'abbaye. Il est à remarquer que Jean VI de Levy n'écartait pas ses armes
comme le faisaient ceux de sa famille, en y ajoutant celles de Caylus;
mais il prenait la pièce honorable de la barre, allant de droite à gauche
de l'écu.

dont cinq sont de chaque côté. Ces ouvertures sont basses et petites; le bas est coupé en talus pour permettre à la lumière de descendre. Elles sont revêtues d'un encadrement simple, dont la base forme corniche et se prolonge le long des travées de l'édifice. Le bas-côté du midi a aussi cinq fenêtres; le côté du nord n'en a pas. Ces cinq ouvertures sont basses et demi-cintrées; l'architecte a dû agir ainsi à cause de la poussée des voûtes de la nef qui demandait d'être retenue par des murs épais et solides. Au-dessus de la porte occidentale se trouve une ouverture ou rosace quintilobée, placée dans une fenêtre géminée. Lorsque, placé sous cette porte, l'œil saisit dans son ensemble la nef jusqu'à l'abside, il faudrait être complètement dépourvu de goût et de sensibilité pour contempler sans une certaine émotion l'effet de ces colonnes s'élançant sous la voûte et la croisant dans tous les sens ; comme aussi la vue de ces arceaux, de ces piliers, de ces murailles dénudées, de cette nef servant aujourd'hui de grange et d'écurie, fait éprouver à l'âme un sentiment de regret accompagné d'une tristesse profonde.

Le transept se trouve éclairé par deux rosaces, dont l'une est placée au nord, et l'autre au midi, sur le mur droit qui termine les deux bras de la croix. Celle du nord a six lobes qui rayonnent au milieu; ils sont soutenus par des traverses, se ramifiant en un grand nombre de compartiments. La rosace du midi a cinq lobes. Les traverses qui les soutiennent forment des dessins trilobés dont les pointes s'appuient sur l'encadrement et les consolident.

C'est par le côté nord du transept qu'on monte à une tour carrée faisant saillie extérieurement entre les bas-cotés et le transept. Elle sert d'escalier pour aller au clocher et sur la voûte de l'église.

Nous arrivons maintenant à décrire l'abside qui est la partie la mieux construite de l'église. Ici, le style entièrement ogival et empreint de l'élégance de l'époque est parfait dans toutes ses parties.

L'abside forme un grand arc polygonal à cinq pans renfermant cinq fenêtres. Ces ouvertures ont de chaque côté deux colonnettes légères. Les fenêtres sont sans ornements, elles sont seulement encadrées par trois tores en ogive qui vont retomber sur la corniche appliquée sous la fenêtre et les lie les unes aux autres.

Les chapiteaux des colonnes de l'abside sont entourés de feuillages d'une grande élégance.

Aujourd'hui ces belles fenêtres de l'abside, l'objet de l'admiration des archéologues, sont menacées d'une ruine prochaine. Un lierre épais a pénétré avec ses mille racines entre les joints de pierre qu'il a soulevées et en a détaché un grand nombre : les meneaux ont perdu leur aplomb. Depuis le départ des moines (après 1789) aucun soin n'a été pris pour les conserver. Dans l'état de dégradation où les fenêtres se trouvent on peut prédire leur chute dans un temps assez rapproché. Les fenêtres de l'abside de l'église de Loc-Dieu, regardées à juste titre comme un des morceaux les plus précieux du xiie siècle dans notre Rouergue, seront perdues à jamais.

Les quatre petites chapelles sont placées deux de chaque côté de l'abside. Dans le principe, la première chapelle, au nord, fut dédiée à saint Benoît; la seconde à saint Robert. Du côté du midi, la plus rapprochée du mur, fut dédiée à saint Guillaume. En 1510, Guillaume VII, abbé de Loc-Dieu, la dédia à sainte Anne. On voit encore sur l'autel, au milieu du rétable, la sainte représentée assise montrant dans un livre les Saintes-Ecritures à la Sainte-Vierge debout placée à sa gauche. Au milieu de l'ogive se trouvent les armes de Guillaume VII qui sont : *au chef de gueules à 3 rocs d'échiquier fascé de sinople d'azur au chevron d'or.* On trouve encore ces armoiries de Guillaume VII sur le manteau d'une magnifique cheminée en pierre placée dans une chambre inhabitée du côté de la tour. La chapelle à côté était dédiée à Notre-Dame des Sept-Douleurs. Enfin la chapelle principale ou de l'abside était sous le vocable de Notre-Dame la Sainte-Vierge, mère de Dieu, patronne de l'abbaye.

L'église de Loc-Dieu, comme toutes celles de Citeaux, est sobre d'ornementation. Toute sa beauté consiste dans l'heureuse harmonie des lignes combinées par l'habileté de l'architecte. Les seules sculptures que l'on trouve sont aux chapiteaux et clefs de voûte.

Les dix chapiteaux des colonnes de la nef se ressemblent presque tous. Six d'entre eux présentent deux volutes sur chacune des trois faces; trois autres sont entièrement unis et le dixième a trois bandes verticales sur chaque côté. Les deux chapiteaux du transept du côté de l'arc triomphal sont les seules qui soient un peu plus ornés : l'un représente un homme accroupi sur ses mains et portant l'arc doubleau sur son dos; il a la figure tournée du côté du pavé de l'église. Sur l'autre, une guirlande de feuillages contourne les trois côtés. Tous les autres chapiteaux ressemblent à ceux de la nef.

Deux clefs de voûte se trouvent dans l'abside : l'une présente un calice au milieu des nuages, et l'autre un agneau, symbole du Christ; il soutient sur un pied un petit étendard flottant, au bout duquel se trouve une croix. Ainsi, le pain et le vin, offrande du sacrifice, se trouvent représentés à la voûte de l'abside au-dessus du maître-autel. On peut encore remarquer, au côté nord du transept, deux autres clefs de voûte. Sur l'une on voit les armoiries des comtes de Toulouse : *de gueules à la croix vuidée, clichée et pommetée de 12 pièces d'or.* Elles furent placées en souvenir d'une donation qu'Alphonse II, comte de Toulouse et de Rouergue, et sa femme Jeanne firent à l'abbaye de Loc-Dieu en 1270 avant de s'embarquer pour la croisade. Sur l'autre clef se trouve une fleur de lis aux quatre bras allongés qu'on plaça en souvenir du roi Philippe-le-Bel qui, en 1311, mit l'abbaye de Loc-Dieu sous sa protection spéciale (*sub regia tutela*). Tous les jours une messe était chantée dans l'abbaye pour le roi de France régnant. Au côté méridional du transept on voyait autrefois à une des clefs de voûte les armes des Najac, seigneurs de Savignac, qui étaient : *d'azur, à un château sommé de trois tours d'argent maçonné de sable; celle du milieu plus élevée et surmontée d'un aigle éployé de sable.* Les moines les avaient placées à la voûte de leur église en souvenir des dons que Guillaume, en 1170, et Bernard, seigneur de Savignac, en 1279, avaient faits à l'abbaye de Loc-Dieu. Mais en 1561 un des descendants de cette famille, Raymond de Gauthier, s'étant mis à la tête d'une armée de protestants, pilla l'abbaye de Loc-Dieu et détruisit les armoiries de sa famille comme il les fit également enlever de l'église des Cordeliers de Villefranche. Dans la nef du milieu, il y a cinq clefs de voûte, parmi lesquelles deux sont complètement unies, une troisième porte un carré ayant une fleur de lis à chaque angle ; les autres sont de fleurons à huit lobes.

L'église de Loc-Dieu a trois portes. La porte occidentale ou principale est d'une grande simplicité ; elle est ogivale et n'a pas de tympan. Deux colonnes cylindriques faisant saillie sont placées de chaque côté de la porte ; elles soutiennent une archivolte composée de deux voussures ayant un gros tore au milieu qui tombe entre les deux colonnes. Une seconde arcature est superposée à la première et se compose également d'un tore entre deux voussures faisant ressaut aux deux extrémités. Les battants de cette porte sont en bois de chêne ; ils n'ont de remarquable que leur ancienneté remontant probablement à l'époque de la construction de l'église. La seconde porte qui est au côté nord servait pour aller au cimetière des moines ; elle est ogivale et se compose de plusieurs tores formant l'archivolte. De nos jours, ce passage a été muré. La troisième, placée au midi et vers le milieu de l'église, est simple ; elle conduit au cloître.

Cloître.

Le cloître est un lieu couvert qui servait aux moines de promenade au temps de récréation, comme aussi de lecture ou méditation. Dans le principe, le cloître de Loc-Dieu était un peu plus bas qu'il ne l'est aujourd'hui. Pendant les guerres des Anglais, en 1368 et en 1409 surtout, le monastère pris par les ennemis devint place de guerre et fut incendié. Les cloîtres, la salle des archives, placée près de la tour de l'escalier, et celle du chapitre n'offraient que des ruines. Etienne de Firminhac, d'une famille riche originaire de Conques, ayant été élu abbé de Loc-Dieu, entreprit en 1470 de réparer les dégâts occasionnés par les guerres. Voici les dimensions du cloître de Loc-Dieu :

La longueur de la galerie qui va d'orient à l'occident est de.. 29^m

Celle qui va du nord au sud n'est que de..... 27

La largeur du sol est de..................... 3 50

Aujourd'hui le cloître n'a que trois galeries; celle du nord est tombée en ruines et n'a pas été relevée.

Des arcades ogivales entourent le cloître, elles sont appuyées sur de grands piliers à pied droit, qui sont soutenus extérieurement par un contrefort. Tous les piliers sont liés par un socle continu le long de la galerie. Les voûtes qui sont en arête d'ogive et prismatique reposent d'un côté sur le pilier et de l'autre sur le mur. A la retombée des voûtes se trouvent des encorbellements en pointe aigue ou bien quelques écussons sur lesquels on voit l'anagramme de Jésus, sauveur des hommes, en lettres gothiques. On remarque une figure de l'ange Gabriel qui semble être du temps de la construction dernière du cloître. Elle porte des cheveux en rouleau et sur sa tête une coiffure qui a deux ailes tombant sur ces épaules; au-dessous on lit : AVE : G : PLENA. Les clefs de voûte n'ont rien de particulier à signaler; on y retrouve quelques fleurs de lis, et devant la porte de l'ancien chapitre les armes d'Etienne III de Firminhac, qui sont : *de gueules à 3 rocs d'échiquier d'or, écartelées au* 1er *et* 4e, *d'azur à une tour crénelée de sable, 2e et 3e.*

Salle du Chapitre.

La salle capitulaire était le lieu où les moines se réunissaient pour entendre une lecture spirituelle qui s'y faisait tous les jours en commun, et aussi pour y délibérer sur les affaires concernant le règlement de la maison. Cette salle, ainsi que toute la façade orientale du monastère, avait été ruinée par les Anglais en 1409. Etienne III de Firminhac, qui avait fait relever le cloître, fit aussi reconstruire avec luxe la salle capitulaire. Malheureusement, cette belle pièce d'architecture, qui après l'abside de l'église est la plus admirée, fut en 1849 transformée en orangerie. On pratiqua alors deux portes du côté du levant à la place des deux fenêtres à trois baies correspondant à celles que l'on remarque du côté du cloître.

Les deux colonnes qui supportent la voûte sont en faisceau à nervures prismatiques avec scoties à angles émoussés. Leur base est octogonale avec un socle très riche à moulures alternées de tores et doucines. Les chapiteaux sont à huit palmettes surmontées d'une guirlande de feuillages. Ces piliers supportent deux retombées de voûte, les autres côtés s'appuient sur les murs et se terminent par des encorbellements dont quelques-uns sont très gracieux.

Parmi les clefs de voûte, il y a trois écussons qui sont une reproduction de ceux de l'église, tels que l'agneau, la croix du comte de Toulouse ; on y voit aussi une main bénissant nimbée crucifère, ainsi qu'une figure entourée d'une auréole formant un encadrement élyptique, qui est l'image du Christ. On voit encore deux figures du Christ, l'une représentée dans une auréole quadrilobée, et l'autre dans une auréole trilobée.

Des quatre fenêtres ogivales qui éclairaient autrefois la salle capitulaire, il n'en reste plus que deux. Chacune de ces fenêtres est divisée en trois baies séparées par quatre colonettes ou meneaux. Chaque baie est terminée à son sommet par une forme ogivale trilobée. Le centre de l'arcade présente deux trèfles chacun ayant à côté un carré long anguleux. Le tout est surmonté par une rose à six lobes.

Au commencement de ce siècle la salle capitulaire possédait la pierre tombale d'Etienne III de Firminhac, que son neveu Raymond, son successeur à l'abbaye de Loc-Dieu, avait fait enterrer au milieu du chapitre au pied du siége de l'abbé : *Sepultus est in medio capituli juxta sedem abbatis.* Sur cette pierre on y lisait : *Hic jacet dom abbas Stephanus III de Firminhac. Mors rapuit, corpus sub petram putruit sed spiritus ipse petit Christum,* anno 1490. Cette pierre fut détruite pour servir à des construction de la ferme.

Dans cette salle on y voit encore aujourd'hui une tombe placée autrefois dans le transept du nord et qui fut portée ensuite dans les cloîtres. On croit reconnaître sur cette pierre les armes de la famille de Najac.

Pl. 1.

Cachet
de l'abbaye de Loc-Dieu
Trouvé à la Bibliothèque de Troyes.

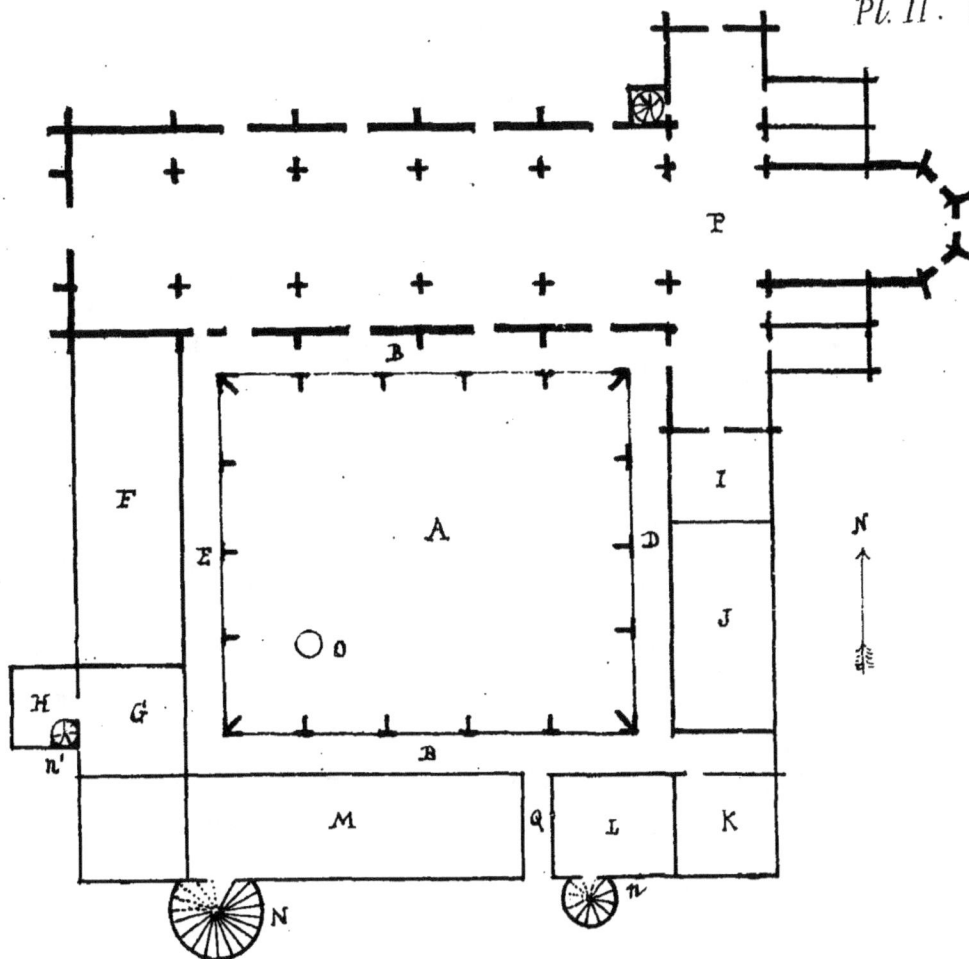

Pl. II.

Plan de l'abbaye de Loc-Dieu.
Dispositions qu'elle avait en 1789.

A.	Préau.
B. C. D. E.	Cloître.
F.	Cellier.
G.	Appartement de réception.
H.	Tour carrée.
I.	Sacristie.
J.	Salle du Chapitre.
K.	Réfectoire.
L.	Cuisine.
M.	Habitation de l'Abbé.
N. n. n'.	Escaliers.
O.	Puits.
P.	Eglise.
Q.	Entrée.

Pl. III.

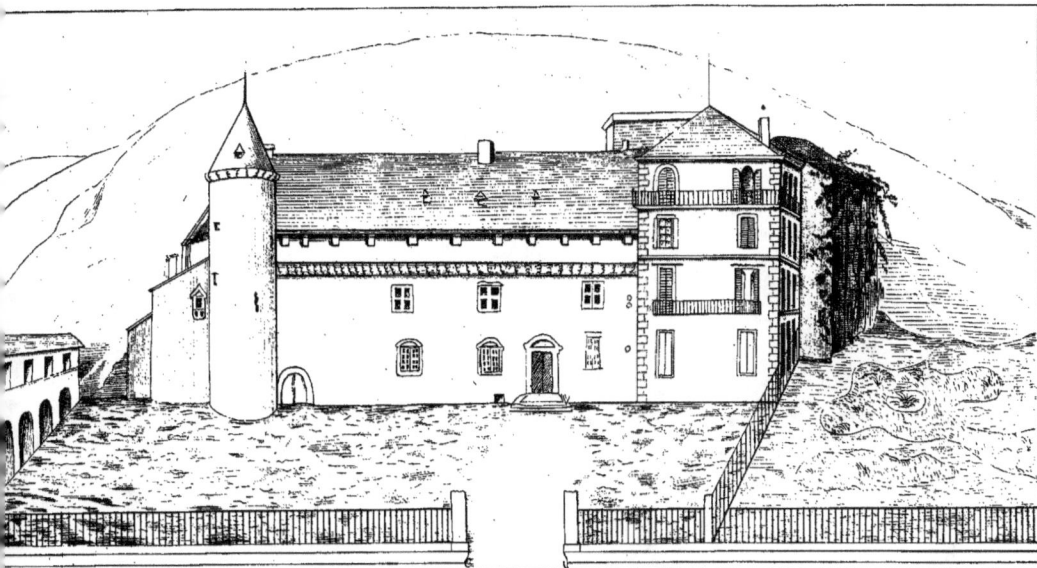

Vue de l'abbaye de Loc-Dieu, depuis que la famille Cibiel en est propriétaire.

Vue de l'abbaye de Loc-Dieu, avant 1789.